· 基于综合实践活动的生涯教育系列丛书
· 重庆市普通高中生物学课程创新基地、北碚区普通高中生物课程
· 中共重庆市委教育工作委员会中小学校党建重点课题（24SKZ
· 重庆市科技兴林项目"缙云山自然教育中心自然教育活动课程开发研究
· 2022年重庆市科技传播与普及项目"'美丽自然科普游'主题研学活动"成果
· 重庆市首批中小学"支点"创新实验室成果

夜雨寄北 与 自然教育

总主编 ◎ 欧　健

主　编 ◎ 刘其宪　罗　键　曾玉凤

西南大学出版社
国家一级出版社　全国百佳图书出版单位
· 重庆 ·

图书在版编目(CIP)数据

夜雨寄北与自然教育 / 刘其宪, 罗键, 曾玉凤主编.
重庆：西南大学出版社, 2025.6. -- (附中文丛).
ISBN 978-7-5697-2006-8
Ⅰ. G633.552
中国国家版本馆CIP数据核字第20248S0T40号

夜雨寄北与自然教育
YEYU JIBEI YU ZIRAN JIAOYU
主　编　刘其宪　罗　键　曾玉凤

责任编辑｜钟孝钢　张浩宇
责任校对｜唐　诗
选题策划｜王　宁　尤国琴
装帧设计｜闻江文化
排　　版｜吕书田
出版发行｜西南大学出版社（原西南师范大学出版社）
地　　址｜重庆市北碚区天生路2号
邮　　编｜400715
印　　刷｜重庆亘鑫印务有限公司
成品尺寸｜185 mm×260 mm
印　　张｜8.25
字　　数｜157千字
版　　次｜2025年6月 第1版
印　　次｜2025年6月 第1次印刷
书　　号｜ISBN 978-7-5697-2006-8
定　　价｜25.00元

编审委员会

总顾问： 宋乃庆

主　任： 欧　健

副主任： 刘汭雪　梁学友　黄仕友　彭红军　张　勇　徐　川
　　　　　崔建萍　卓忠越　陈　铎

委　员： 冯亚东　秦　耕　李海涛　李流芳　曾志新　王一波
　　　　　张爱明　张万国　龙万明　涂登熬　刘芝花　常　山
　　　　　范　伟　李正吉　吴丹丹　蒋邦龙　郑　举　李　越
　　　　　林艳华　李朝彬　申佳鑫　杨泽新　向　颢　赵一旻
　　　　　马　钊　张　宏　罗雅南　潘玉斌　秦绪宝　罗　键
　　　　　付新民　张兵娟　范林佳

编写委员会

总主编： 欧　健

主　编： 刘其宪　罗　键　曾玉凤

副主编： 高红英　林艳华　罗　钰　王　利

编写者： 刘晓蕾　宋　洁　裴敏洁　李九彬　詹　露　杨钰宁
　　　　　刘　轶　何玥瑶　蒋汶洮　陶永平　何　凤　王诗梦
　　　　　张兵娟　罗渠高　刘馨橘　张海月　黄　余　范林佳
　　　　　刘玉芳　龙　杰　邵　琪　张梦雨　毛群梅　李小英
　　　　　肖英俊　李丽娜　谷念虹　吴　渝

总序一

新高考改革,出发点就是让学生拥有自主选择、自我负责的学习权。此种导向要求中学进行育人方式的变革,为学生开设生涯教育的课程,给予学生人生规划的指导,引导学生认知自己,明确自己的兴趣、性格、优势、价值取向,让学生以此为基础认识外界,更好地为自己设立生涯目标,并根据已拥有的资源实现目标。"基于综合实践活动的生涯教育"系列丛书,正是西南大学附属中学先于国家政策试点,通过不懈的实践探索,收获的基于综合实践活动推进生涯教育的特色研究成果。

如何通过生涯规划课程引导学生学会自主选择,这一重要议题为我国教育改革与发展开拓了一个新的领域。"基于综合实践活动的生涯教育"系列丛书,从实践的角度架构了基于综合实践活动的生涯教育的基本框架,为服务于学生发展的育人模式的构建、学校教育品质的提升和学校实践改革的推进提供了重要启示,具有开拓意义。

第一,该套文丛的目标定位和内容选择,是以"帮助学生找到人生方向"为根本宗旨,贯穿初高中,培养个体人生规划意识与技能,指导学生学会学习、学会选择,在充分认识自我和理解社会的基础上,平衡个人发展和社会发展的需求,初步设计合理的人生发展路径,促进个体生涯发展,提升生涯素养。

第二,文丛的设计与安排,坚守"学生是学习与发展的主体"这一根本理念,初高中分阶段相互衔接,进行一体化设计;通过活动为学生搭建主动选择的平台,以研究性学习、社区服务、社会实践、研学旅行、设计制作、职业体验等综合实践活动为载体,引导学生在活动中明确人生奋斗目标并激发生涯学习动力,并不是简单地为学生提供品类繁多的"超市商品"让学生选择。

第三，学校还开发了《传统武术奠基康勇人生》《食育与健康生活》《生物实践与创意生活》《数学视角看生活经济》《水科技与可持续发展》《乡土地理和家国情怀》等配套文丛，结合校内外的学习实践和生活实践，将基于综合实践活动的生涯教育理论渗透到学科课程中，为学生生涯发展提供重要教育平台和资源，弥补学生社会经历缺乏、生活经验不足、实践体验机会太少等生涯教育短板，促进生涯教育过程性和动态性发展。主体文丛和辅助文丛相辅相助，将生涯教育和综合实践活动有效融合，让学生在沉浸式的体验中感知自己、认知职业、畅想未来。

第四，文丛贴近学生，语言平实生动，联系初高中生活学习实际，通俗易懂；图文并茂，既有趣味的活动设计，又有学生实践的光影记录，观之可亲。学生可从课堂内的探索活动、课堂外的校本实践中深刻体验生涯力量，还可在教师的引导下从活动链接中习得生涯领域的重要概念及理论，为未来的生涯发展做好积累。

总体而言，整套文丛以综合实践活动为基础，融入学科课程和劳动教育，以提升学生生涯规划能力为目的，不断强化适合生涯发展的认知能力、合作能力、创新能力、职业能力，力图帮助学生适应并服务于社会，获得终身学习、终身幸福的能力。

教书育人在细微处，学生成长在实践中。本套文丛的出版，将丰富生涯教育的承载形式，为中小学开展并落实基于综合实践活动的生涯教育提供可借鉴的案例，有效加强中学生生涯教育，促进学生全面发展、终身发展和个性发展。希望广大学生也可以像西南大学附属中学学生一样，在最适合的时候遇到最美的自己，希望更多的学校像西南大学附属中学一样为学生一生的生涯幸福奠基，让他们成长为自己满意的样子。

（北京师范大学资深教授，博士生导师，当代教育名家，
中国课程与教学论领军人物，全国教学论专业委员会主任）

总序二

寒来暑往，西南大学附属中学在生涯教育这片热土上已躬耕二十余年。多年实践让我们相信，学校的课程、活动、校本读本都应回到问题的原点：什么是教育？

教育，是将自然人培养成社会人的过程，是帮助每一个孩子认识自己、发现自己，让他既能成长为自己心中最美的样子，又能符合国家、社会对人才的需求。

因此，我们希望实现这样一种生涯教育：让学生有智慧地参与综合实践活动，从活动中生发智慧；让学生有德性地参与综合实践活动，在活动中完善德性；让学生带着对美的追求参与到活动中，在活动中提升创造美的能力。一个拥有智慧与德性，能够欣赏美、创造美的个体，定然能够在瞬息万变的世界里站稳脚跟，也能够在喧喧嚷嚷中细心呵护一枝蔷薇。

秉持这样的理念，我们编写了"基于综合实践活动的生涯教育"系列丛书，着力帮助学生更好地适应未来不同阶段的身份、角色。希望学习此书的孩子们，不必因为不懂自己、不明环境、不会选择而错失遇见最美自己的机会。请打开这些书，热情地投入到探索活动中，感知自己的心跳起伏，喜恶悲欣；细细品读每个生涯故事，观察他人的生活，触碰更多可能；更要在校本实践中交流碰撞，磨砺成长……这些书将是孩子们生涯成长路上的小伙伴，陪在身旁，给予力量。希望大家从此学会学习，学会选择，学会生活。

基于综合实践活动的生涯教育是为幸福人生奠基的教育。我相信，当每一个个体恰如其分地成长为自己所喜欢的样子，拥有人生幸福的能力，就同样能为他人带来幸福，为社会创造福祉，为国家幸福而不断奋斗！

欧健

（教育博士，正高级教师，西南大学附属中学党委书记、校长）

目录

第一章　北纬30°　奇迹缙云 ……… 001

第 1 节　花儿的秘密
——缙云山植物多样性教育｜刘晓蕾 ……… 003

第 2 节　"黛你"寻它
——黛湖水生生物调查｜宋　洁 ……… 008

第 3 节　STEAM+土壤
——缙云山土壤认知｜裴敏洁　李九彬 ……… 013

第 4 节　暗香浮动在缙云
——缙云山植物资源介绍｜詹　露 ……… 017

第 5 节　落叶有声
——落叶的故事｜杨钰宁 ……… 022

第二章　森林上下　秘境缙云 ……… 029

第 1 节　植物的繁衍
——探秘植物的私生活｜刘　轶 ……… 031

第 2 节　榕丁兴旺
——大榕树和榕小蜂的美丽约会｜高红英 ……… 036

第 3 节　展开物候的画卷
　　——缙云山鹅掌楸的物候小记丨何玥瑶 …………039

第 4 节　药用植物与人类生活
　　——中医药文化进校园教学设计丨蒋汶洮 …………047

第 5 节　童眼看中药文化
　　——走进缙云山探寻中药奥秘丨陶永平 …………052

第三章　虫鸣风吟　五感缙云 …………055

第 1 节　昆虫世界
　　——探索与认知丨何　凤 …………057

第 2 节　守护生物多样性
　　——北碚模式生物和珍稀物种大调查丨罗　键　罗渠高 …063

第 3 节　蛇类分类新探
　　——STEAM+统计方法的融合丨王诗梦 …………069

第 4 节　守护青山小林长
　　——缙云山巡护科学调查体验活动丨张兵娟　廖祥贵 …074

第 5 节　行夏之时
　　——基于"笔记缙云山"的重庆城区四季划分丨罗渠高 …081

第四章　荟萃交融　蝶变缙云 …………087

第 1 节　横看成岭侧成峰，远近高低各不同
　　——缙云山地貌观察丨刘馨橘 …………089

第 2 节　别有"洞天"
　　——海螺洞探秘丨裴敏洁　李九彬 …………098

第 3 节　户外定向
　　——开启方向辨别与实践之旅 | 张海月 ……………………107

第 4 节　八角井探秘
　　——从传统感知到科学探测 | 黄　余 ……………………113

第 5 节　手账记万物
　　——手账里的缙云山水 | 范林佳 ……………………116

第一章

北纬30°奇迹缙云

第1节

花儿的秘密
——缙云山植物多样性教育

刘晓蕾

缙云山自然保护区成立于1979年,继而在1985年加挂了"重庆市缙云山植物园"的牌子,并于2001年晋升为国家级自然保护区。保护区内植物资源极为丰富,部分植物起源古老,珍稀濒危植物种类繁多。根据2018年的调查显示,缙云山自然保护区现有植物共计338科、1 171属、2 407种,其中包括国家重点保护野生植物南方红豆杉、桫椤和伯乐树等55种,以及缙云四照花、缙云槭、缙云冬青等模式植物近40种,堪称长江中上游地区典型的亚热带常绿阔叶林植物基因库,具有较高的保护价值。同时,这里也是开展森林科考研究、生态教学实习及环境保护教育等活动的理想基地。保护区内绝大多数植物会开花,其中既有几乎只能借助显微镜观察的微型花,也有看上去像是外星生物的巨型花。很多人之所以喜欢植物,其中一个重要的原因就是植物拥有千姿百态的花朵。

一、教学内容

(一)通过解剖常见鲜切花,观察并学习花的基本结构。

(二)通过观看图片、视频等资料,系统学习花的类型、花的传粉方式等相关知识。

(三)整理缙云山植物资源,结合花的结构、类型等特征对缙云山植物进行科学分类,并尝试以花为主要分类依据编制缙云山优势被子植物检索表。

二、前期准备

(一)准备常见的鲜切花和解剖工具:鲜切花包括百合(推荐,保留花药)、康乃馨、月季等;工具包括镊子、放大镜或显微镜、白纸(A4纸)。

(二)准备缙云山优势被子植物的图片,尤其是花的高清图片。

(三)准备相关知识:包括花的基本结构及分类、花的传粉方式等。

三、活动过程

活动对象:6~14岁的青少年

活动人数:20人左右

活动时长:60~90分钟

场地要求:可以播放PPT、有桌椅

(一)花的基础知识

1.了解花的基本结构

通过展示图片,让学生辨识常见花卉,从而引入本节主题;通过解剖百合花来帮助学生理解花的基本结构。

学生分组(两人一组)解剖百合花,观察其结构,然后请他们分享解剖结果。在解剖实验中,可以选用缙云山优势被子植物的花朵作为实验材料。

> **温馨提示**
> ①引导学生从外向内依次取下花瓣、花蕊等结构,数一数花瓣和花蕊的数量,了解百合花以3作为基数的特征;②把花瓣、花蕊整齐地排列起来;③用手指轻轻弹一下花药,观察花粉的颜色,并借助放大镜或显微镜观察花粉的形态;④用手触摸柱头,感受它是否具有黏稠感。

小结:不同植物的花形差异较大,但其结构基本相似。花形是否对称、花瓣的数目和排列方式是植物分类的重要依据。通过图片展示,可以清晰地了解花的对称类型(如辐射对称、两侧对称等)和花冠的形态(包括蔷薇形、十字形、蝶形、管形、漏斗形、钟形、唇形、舌形等)。

2.了解花的类型

通过丰富的图片资料,介绍花的各种类型,包括完全花和不完全花,两性花和单性花,单生花和簇生花。

结合缙云山植物的特点,对相应花形进行筛选。

小结:根据花的结构是否完整,花可分为完全花和不完全花。同时具有雄蕊和雌蕊的花称为两性花,只具有雄蕊或雌蕊的花则称为单性花。当单独一朵花生于茎枝

顶端或叶腋部位时，称为单生花；当多数花密集成簇，生于茎的节部时，称为簇生花。多数植物的花以密集或稀疏的方式按一定顺序排列，着生在特殊的总花轴上形成各种花序（包括伞形花序、总状花序、头状花序、肉穗花序、伞房花序、柔荑花序、圆锥花序等）。

3.了解花的传粉方式

通过丰富的图片和视频资料，介绍花的传粉方式，包括自花传粉和异花传粉两大类，其中异花传粉又进一步细分为风媒传粉和虫媒传粉等。

结合缙云山的植物类型，举例说明不同的传粉方式，比如探讨榕小蜂和北碚榕之间的共生关系等。

小结：自然界中普遍存在两种传粉方式，即自花传粉和异花传粉。植物进行异花传粉时，需要依靠某种外力的帮助来传送花粉，常见的媒介有风力、昆虫、鸟类和水等，最为普遍的传粉媒介是风和昆虫。风媒花的传粉常常不易被察觉。虫媒花通常具有以下特征：特殊气味、分泌花蜜、花大而显著（不同颜色可以吸引不同种类的昆虫），其结构也与传粉的昆虫相互适应。

（二）编制缙云山优势被子植物检索表

1.植物分类学知识

被子植物的分类不仅需要把植物归入特定的分类单元（纲、目、科、属、种），还需要构建一个分类系统，以反映它们之间的亲缘关系。作为科普，可以简单地根据花的特征对缙云山优势被子植物进行分类。常用的与花相关的分类原则包括：花单生或形成花序，两性花或单性花，雌雄同株或雌雄异株，花的各部数目多而不固定或花的各部数目不多但有定数（如3、4或5），花被是否分化为萼片和花瓣，以及花的对称性（如辐射对称、两侧对称或不对称）。

2.检索表知识

检索表是植物分类中用于识别和鉴定植物的重要工具，是根据瑞典生物学家和分类学家林奈（Linnaeus）提出的双名法（又称二名法）扩展得到的二歧分类原则编制的。该表将一组动植物相对的特征和特性分成对应的两个分支，然后在每个分支中相对的性状再次被细分为相对应的两个分支，依次下去直到编制到科、属或种的分类终点。

检索表的编制通常采用植物形态比较方法,按照科、属、种的标准和特征进行划分。首先选取一对明显不同的特征将植物分为两类,如双子叶类和单子叶类。然后,从每类中再找相对的特征并将其进一步区分为两类。重复这一过程,最后分出科、属、种或亚种。

3. 编制检索表

根据图片或实物分析每种植物的花的特征,并填写相应表格(表1-1),进而尝试编制缙云山优势被子植物检索表。

表1-1 缙云山优势被子植物的花的特征

花的特征		植物1	植物2	植物3	植物4	植物5	植物6
花蕊类型	两性花						
	单性花						
是否雌雄同株	雌雄同株						
	雌雄异株						
对称方式	辐射对称						
	两侧对称						
花着生方式	单生						
	形成花序(花序类型)						
花被类型	不分化为萼片和花瓣						
	分化为萼片和花瓣						
萼片数量	多而不固定						
	少但有定数(3、4或5)						
花瓣数量	多而不固定						
	少但有定数(3、4或5)						
雄蕊数量	多而不固定						
	少但有定数(3、4或5)						

续表

花的特征		植物1	植物2	植物3	植物4	植物5	植物6
雌蕊数量	多而不固定						
	少但有定数（3、4或5）						
	花形						

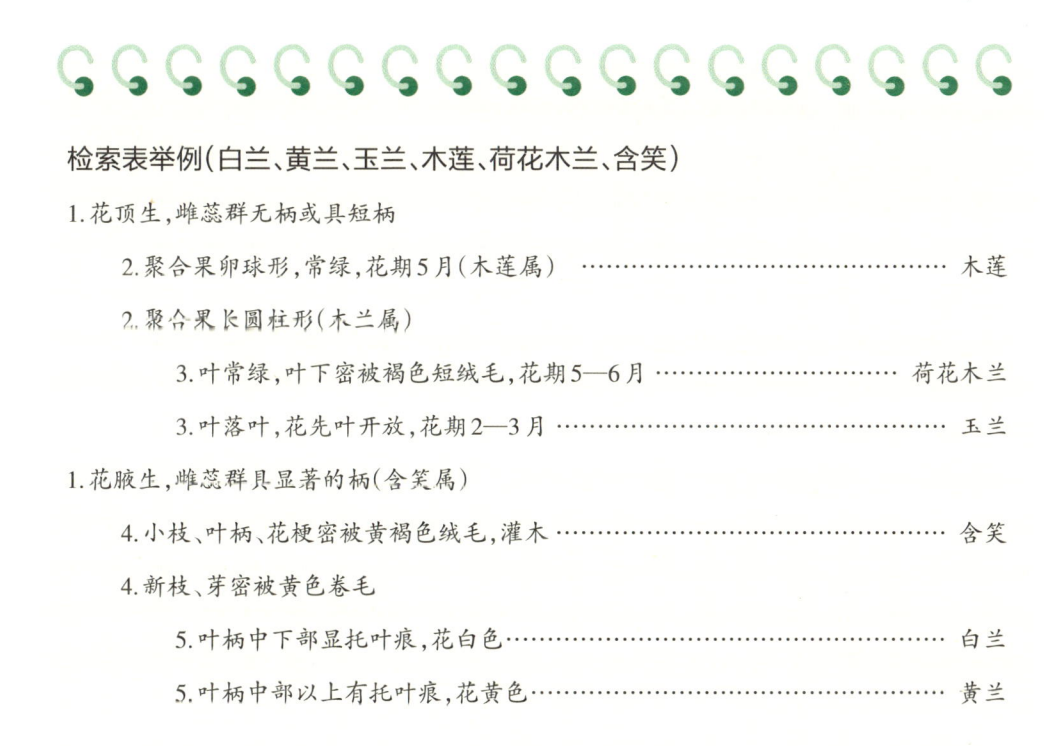

检索表举例（白兰、黄兰、玉兰、木莲、荷花木兰、含笑）

1.花顶生，雌蕊群无柄或具短柄

  2.聚合果卵球形，常绿，花期5月(木莲属) ············ 木莲

  2.聚合果长圆柱形(木兰属)

    3.叶常绿，叶下密被褐色短绒毛，花期5—6月············ 荷花木兰

    3.叶落叶，花先叶开放，花期2—3月············ 玉兰

1.花腋生，雌蕊群具显著的柄(含笑属)

  4.小枝、叶柄、花梗密被黄褐色绒毛，灌木············ 含笑

  4.新枝、芽密被黄色卷毛

    5.叶柄中下部显托叶痕，花白色············ 白兰

    5.叶柄中部以上有托叶痕，花黄色············ 黄兰

第2节

"黛你"寻它
——黛湖水生生物调查

宋 洁

一、教学目标

知识目标：了解水生生物与环境之间的相互关系，了解环境保护的相关知识，认识水生生态系统遭受破坏的严重危害，明确保护水生生态系统的重要性。

技能目标：了解黛湖水域环境的系统知识，培养提问与分析的能力，提升对环境问题的理解及决策处理能力。

情感目标：培育关注环境、能够综合运用多学科知识去探究、预防及治理环境问题的未来公民，提升公民的环保意识和社会责任感。

二、重点和难点

重点：1. 了解几种水生生物的生长习性和特点。

2. 掌握采集水样和生物标本的技巧与方法。

难点：理解生物与生态环境之间相互依存与相互制约的关系。

三、教学设计思路

水域既是生物地球化学循环的重要组成部分，也是环境质量监测的重要指标。以水域为载体的综合探究和学习是进行环境教育的常用模式，也是生物、化学、地理、社会科学和人文艺术等学科的有机结合点，还是为学生综合学习相关知识，并以实际行动参与解决环境问题搭建的优质平台。

我们围绕黛湖设计了一系列寻找、观察和培养水生生物的相关教学活动,旨在让学生在活动中了解水生生物的相关知识,了解环境保护的重要意义,并激发他们对科学探究的兴趣。

四、教学内容

1.观察水生植物

观察黛湖中是否存在常见的水生植物,例如藻类、芦苇、香蒲和黄菖蒲等。选择其中一种水生植物进行重点观察,了解它的形态特征和生长习性,并探究它的存在对水环境的影响。

2.观察水生动物

使用采水工具采集黛湖的水样,寻找水中的水生动物,包括浮游动物和底栖动物等。

3.培养水生微生物

通过几种方法观察黛湖中的微生物,并尝试培养一种水生微生物。

五、教学过程

1.放映趣味动画视频《夜雨寄北》。

2.由李商隐《夜雨寄北》一诗中的"巴山夜雨涨秋池"这句诗引出黛湖这个主题,并探究它的由来。原来,它是在20世纪30年代由人工截流而成的堰塞湖,位于绍龙观后,九龙寨下,蓄水面积约30亩。由于湖水碧绿,色泽如黛,诗人吴芳吉便为它取名为"黛湖"。1935年,书法家欧阳渐题写"黛湖"二字,并由石工刻石碑立于湖畔。

学生活动一:

(1)选择一种方法定位黛湖的位置。

(2)了解水质监测的一些指标。

教学活动一: 寻找水中"潜水员"——水生植物。

水生植物是指根系及营养器官长期或周期性适应水域环境,并能够完成其生活史的植物类群。根据水生植物的生活方式,一般可以将它们分为以下几大类:挺水植物、浮叶植物、沉水植物、漂浮植物和湿生植物。水生植物在淡水生态系统的净化中具有重要作用,种植水生植物是恢复与重建受损水生态系统的主要措施。

黛湖被誉为"藻类基因宝库"。根据缙云山藻类资源调查的相关文献记载,黛湖的藻类有20多属、140余种,具体属种数量因季节和采样点不同而有所变化。藻类分为真核藻类和原核藻类,它们主要为水生,无维管束,能进行光合作用的生物。藻类体型大小差异较大,有长度约为1微米的单细胞鞭毛藻,也有长度可达60米的大型褐藻。由于它们在形态和功能上与植物有部分相似性,所以部分学者将它们划归为类植物生物,但是,它们在形态结构上既无真正意义上的根茎叶分化,也缺乏维管组织的支撑架构。

然而,藻类是其他生物不可或缺的营养来源,能有效融入自然界的碳、氮、磷循环网络中,还能通过光合作用将水分子分解为氢和氧元素,源源不断地释放生命必需的气体,堪称地球物质循环中举足轻重的关键角色。

请同学们认一认下面这些藻类(图1-1至图1-4)。

图1-1　角果藻

图1-2　狸藻

图1-3　虾藻

图1-4　丝藻

据文献记载,黛湖中的藻类形态各异,同学们可以依据藻类的独特形态为黛湖设计相应的文创周边产品。

下面这两幅图中的植物究竟是苔藓还是藻类(图1-5、图1-6)呢?

图1-5 山边图　　　　　　　　图1-6 水畔图

学生活动二： 设计制作捕捞水藻的工具。

教学活动二： 我们的水域"邻居"——水生动物。

水生动物是指那些终生栖息于水域环境的动物类群。从系统发生学的角度看，绝大多数水生动物始终保持其水生形态，但也有部分物种经历了从水生到陆生再回归水生的适应演化过程。这类次生性水生生物已演化出独特的呼吸机制，不再完全依赖水体中的溶解氧进行气体交换。

在水生动物中，底栖动物的种群结构、优势种类、数量等参量可以反映水体的质量状况，因为，底栖动物一般栖息于底泥中，具有区域性强、迁移能力弱等特点，对于水环境污染及其变化缺乏有效的回避能力；而不同种类的底栖动物对环境条件的适应性以及对水污染等不利因素的耐受力和敏感程度有所不同。湖泊中常见的底栖动物有涡虫、蠕虫、水生昆虫（如摇蚊幼虫、蜻蜓幼虫等）、虾、蟹等，但它们对水质要求也各不相同，需进行针对性的分析。

大家认一认下面这些水生动物（图1-7至图1-9）。

图1-7 水生动物(1)　　图1-8 水生动物(2)　　图1-9 水生动物(3)

学生活动三：探寻黛湖周边的"水域邻居"，并进行物种鉴别。

教学活动三：观察隐形的"朋友"——微生物。

微生物是指个体微小（通常小于0.1毫米）、结构简单、需借助显微镜才能观察到的生物，包括细菌、病毒、真菌等。微生物是自然界中分布最广、个体数量最多的有机体，相比于其他生物，微生物中的细菌尤为突出，具有繁殖速度极快的特点。

微生物作为地球物质循环的关键参与者，在水生生态系统平衡和水质净化等方面起着重要的作用。但是，微生物的过度繁殖同样会对水环境造成危害，如何科学合理地利用微生物是我们需要思考的问题。

教师详细介绍显微镜观察、激光笔观察等微生物观察方法。

学生活动四：学生根据老师介绍的方法，选择合适的方法来观察水样中的微生物。

六、活动小结

学生完成自我评价和小组成员间的互评。

七、拓展任务

学生认领一种水生生物回家培养和研究，记录其生长特征和习性等。根据研究结果，在学校、班级或家里举办一次"小先生"讲座。

第3节

STEAM+土壤
——缙云山土壤认知

裴敏洁　李九彬

李时珍在《本草纲目》中将药物分为水、火、土、金石、草、谷、菜、果、木、服器、虫、鳞、介、禽、兽、人共16部，包括60类。其中，《土部》记载了赤土、黄土、白垩等多种土的药性和药味。东汉班固编写的《白虎通义》中则记载"天子有太社焉，东方青色，南方赤色，西方白色，北方黑色，上冒以黄土"，首次明确了"五色土"的分布布局。那么，缙云山的土属于哪种类型？它们又是怎样的"味道"呢？

一、土壤如何满足植物的"胃口"

土壤通常是指位于陆地表层，由矿物质、有机质、微生物以及孔隙中的水分和空气共同组成的疏松层，具有协调植物生长所需的水、肥、气、热的能力，其厚度差异显著，一般在1米至2米之间。

土壤是由固相、液相和气相三种相态物质以及微生物共同组成的。一款合格的土壤应该包含矿物质、水分、空气、微生物及有机质，缺一不可。土壤较为理想的组成比例为：矿物质占比约45%，有机质占比约5%，空气和水分各占比25%。土壤水分不仅直接满足植物对水分的需求，还调控着大部分氧气和养分的供给。同样地，有机质由于具有黏结力，能够将"一盘散沙"的矿质颗粒聚集在一起，从而增加了土壤中的孔隙，有效改善了土壤的透水性和通气性，并增强其抗侵蚀能力。

实际上，植物可以说每天都在"吃土"，不同种类的植物适宜"吃"不同种类的土壤，这与植物的生长习性和土壤性质有关。在我国古代，就有"草茎赤秀，下有铅""草茎黄秀，下有铜器""山有宝玉，木旁枝皆下垂"的记载，这指的就是一些植物在生长过程中特别需要某些矿质元素，因此它们常在这种矿质元素含量较高的土壤上生长。

二、土壤是如何形成的

土壤的形成与分类是科学认识土壤的起点。19世纪末,俄国土壤学家道库恰耶夫(Vasily Dokuchaev)创立了土壤发生学,指出土壤是母质、气候、生物、地形和时间五大成土因素共同作用的产物。已知最快的土壤形成速率出现在新西兰的南阿尔卑斯山,速率高达2.5毫米/年,更多的土壤则形成得很慢。据估算,地球表面土壤的平均形成速率约为0.056毫米/年,这意味着在不考虑侵蚀的情况下,形成1米厚的土壤大约需要18 000年。

母质为土壤发育提供了最初的物质来源,是构成土壤的物质基础,因此土壤继承了成土母质诸多特征。气候主要通过温度、风力和降水等条件,全面影响成土过程中的物理、化学和生物作用的强度和方向。生物在自身的生命活动中与土壤之间发生互动,改变土壤结构并赋予土壤肥力。地形主要通过影响其他成土因素而发生作用,同时在重力作用下对地表物质进行再分配,即便是相对较小的坡度变化也可能对土壤发育产生一个很大的影响。此外,时间也是一个不可忽视的因素,土壤的发育需要经历漫长的时间积累和演变。

三、北碚的土壤

中国幅员辽阔,自然条件复杂,拥有种类繁多的土壤类型,农耕历史悠久。早在公元前三四世纪成书的《禹贡》中便按土色、质地、水文和肥力等因素,将九州土壤分为白壤、黑坟、赤埴坟、涂泥、青黎、黄壤和海滨广斥等类别,且将土壤分类同地理环境与农业生产联系起来,是世界上土壤分类的最早尝试。

北碚的土壤类型有5种,分别是水稻土、潮土、紫色土、黄壤土和石灰土。

1.水稻土

水稻土是自然土壤经长期水耕熟化而形成的特殊土类,是北碚的主要土壤类型,约占全区耕地面积的54%,主要分布在丘陵地的沟谷中,以及部分溪河沿岸的阶地上,同时在砂岩低山平缓的坡腰及谷地亦有成片分布。水稻土具有保肥能力强、土壤含水量大、温度稳定等特性。通过合理耕作,水稻土可维持较高肥力,单位面积的产量高且稳定。

2.潮土

潮土是北碚区耕地中面积较小的一种土类,约占全区耕地面积的2%,其母质由嘉陵江及其支流带来的冲积物发育形成,主要分布在嘉陵江及其支流两岸的Ⅰ、Ⅱ级阶地上,尤其是在东阳的上坝、下坝和澄江的夏溪口分布比较集中,其他区域则呈零星分布或被城镇建设占用。潮土的土层深厚,但有机质含量因亚类和母质差异较大,保水保肥能力因质地不同而有差异,适宜种植水稻、小麦、玉米及蔬菜等作物。

3. 紫色土

紫色土(图1-10)是由紫色泥岩、泥岩及页岩风化形成的岩性土壤,又称"紫泥土",其面积在北碚仅次于水稻土,约占全区耕地面积的36%。大部分紫色土分布在各向斜丘陵谷地的坡腰及谷底,仅有少部分分布在观音峡背斜轴部的低山上。该土在丘陵坡腰以下区域保水保肥能力强,肥力水平较高,适合小麦、玉米、油菜等多种作物生长。

4. 黄壤土

黄壤土(图1-11)是北碚保存得较为完好的地带性土壤,大多为自然土壤,约占全区耕地面积的18%,由石灰岩、白云岩风化的残积母质发育而成。黄壤土普遍具有黏或沙性、酸性、贫瘠、缺磷、抗冲蚀能力弱的特征。地表覆盖着大大小小的岩石碎屑,开垦为农耕地后,水土流失严重,故大部分区域仍为林地或疏林草地,只有少部分被开垦为耕地。

5. 石灰土

石灰土(图1-12)在北碚分布面积小,约占全区耕地面积的2%,集中分布在观音峡背斜低山区的中下坡及缓坡地带,主要由二叠系和三叠系的石灰岩和白云岩的残坡积物发育形成,适宜松、杉及亚热带阔叶树种生长。

| 图1-10 紫色土 | 图1-11 黄壤土 | 图1-12 石灰土 |

在缙云山的狮子峰、聚云峰、猿啸峰等山峰上,远看是郁郁葱葱的亚热带常绿阔叶林,但是,这里的土层厚度只有10多厘米,有相当一部分完全是岩石,岩石表面只长藻类、地衣、苔藓等植物。在厚砂岩的岩石裂隙中,马尾松等树种的根系沿岩石裂隙伸展,其分泌物加速了岩石的风化和矿质养分的释放,为后续植物的生长创造了基本条件。这里的主要树种有:润楠、马尾松、栲树等,它们强大的根系扎入岩石裂隙中,加速岩石的风化。但是,自然植被一旦破坏,薄层土壤易被侵蚀,届时再要恢复植被就相当困难,所以,保护现有植被对维持生态系统的稳定至关重要。

四、植物知道土壤的秘密

你听说过探矿植物吗？缙云山上有没有探矿植物呢？目前，探矿植物已经在探矿中发挥了很大的作用。我国学者马跃良等人于20世纪90年代运用生物地球化学遥感技术，在黑龙江省开展研究，发现柞树等植物对金元素具有显著吸收能力。后经分析柞树叶灰分发现，其含金量是地壳平均值的3~5倍，这为寻找金矿提供了有力证据。

植物通过根部吸收土壤中的氮、磷、钾等大量元素及其他微量元素，并选择性地使金属元素在它的根、茎、叶等部位富集。研究者们通常将收集到的某种探矿植物烘干，再用高温灼烧，之后对灼烧的灰烬进行光谱和化学分析检测，如果植物体内有某种含量较高的矿质元素，就具有一定的指示意义。

此外，植物还可以指示土壤的酸碱性。经过长期的自然选择，一批适应于酸性土壤环境的植物得以保留，这类植物被称为酸性土壤指示植物。比如缙云山林下典型的蕨类植物——芒萁（图1-13），就是酸性土壤的指示植物。在芒萁等蕨类植物生长茂盛的地方，一般很难看到其他草本植物。这是因为芒萁等蕨类植物枯死的枝叶中含有阿魏酸和咖啡酸等酚类物质，这些物质会随雨水冲刷渗入土壤，对其他草本植物的生长产生抑制作用，这种生态现象被称为化感作用。除了芒萁，岗松、石松、小米柴等也是酸性土壤的指示植物，而碱性土壤的指示植物则包括蜈蚣草、柏木、甘草等。

另外，在缙云山上还经常可以看到里白科、里白属的蕨类植物（图1-14），它们常常长在地形较为陡峭的林缘或岩壁上。这是因为里白属和芒萁属的大多数物种偏爱矿物质元素较为贫乏的土壤环境，它们依靠扩散速度快和体型较大的优势取得局部的优势地位。因此，不要小瞧任何一种植物，它们的背后都有大大的学问。

图1-13　芒萁

图1-14　里白

第4节

暗浮动在缙云
缙云山植物资源介绍

詹 露

一、课程背景

2012年，党的十八首次提出"大力推进生态文明建设"的总体要求。2018年，第十三届全国人民代表大会明确国务院行使领导和管理经济工作、城乡建设及生态文明建设的职权，生态建设被提升到前所未有的高度。然而，传统应试教育中填鸭式授课模式严重束缚孩子们探索世界、自我发现问题和追求真理的热情。科技的飞速发展导致大量产品涌入日常生活，越来越多的儿童和青年深陷虚拟世界无法自拔，与自然的联系现明显断裂。"自然缺失症"已经成为21世纪人类面临的新型病症。与此同时，倡导归自然、体验自然、寻找儿童发展天性的自然教育呈现出蓬勃发展的趋势。

二、缙云山自然景介绍

缙云山雄踞嘉陵温塘峡畔，是两千多万年前的"喜马拉雅运动"造就的背斜山岭，古名"巴山"。由于山间常年云雾缭绕、似雾非雾、似烟非烟，磅礴郁积，气象万千，加之古人称"赤多白少为缙"，故名"缙云山"。缙云山、嘉陵江小三峡、北温泉、合川钓鱼城等共同构成缙云山国家级自然风景名胜区。缙云山从东到西有朝日峰、香炉峰、狮子峰、聚云峰、猿啸峰、莲花峰、宝塔峰、玉尖峰和夕照峰等九峰。其中玉尖峰最高，海拔952.2米；狮子峰最险峻壮观，其余各峰亦各具风姿。缙云山气候温和，雨量充沛，森林覆盖面积约为7 500公顷，生长着1 700多种亚热带植物，包括桫椤、伯乐树、南方红豆杉和桢楠等珍稀植物。山中还有世界罕见的"活化石树"——水杉，此树是一亿多年前就存在的古生物物种。

缙云山植被丰茂，拥有1 700余种植物，其中属国家重点保护的珍稀植物（如水杉、红豆杉等）多达50种。古木参天，翠竹成林，庙、寺、塔、亭隐约可见，峰、寨、洞、壁气象万千。登山远望，心旷神怡，从魏晋南北朝到明代的众多文物点缀其间，更是增添了悠悠古意。素有"川东小峨眉"之称的缙云山，实为观赏日出、云海，夏日避暑、冬日赏雾，以及欣赏常绿阔叶林等自然景观的绝佳胜地。

三、植被分布概况

常绿阔叶林：主要分布于海拔700—1 000米的山坡或沟谷地带，其外貌终年浓绿，林冠波浪起伏状圆整齐，群落内气候湿润，垂直结构层次多，可分为乔木层、灌木层、草本层及层间植物。乔木层根据高度差异可分为2~3个层，林内植物生长茂密，并伴有少数藤本植物，如八月瓜（木通科）、千金藤（防己科）革叶藤山柳（猕猴桃科）等。

亚热带针叶林：广泛分布于亚热带低山、丘陵及酸壤地区，主要树种为马尾松、杉木和柏木，其灌木层和地被层都含有常绿成分，这点是温带和寒温带的针叶林所不具备的，这类针叶林大多是在人为因素的影响常绿阔叶林遭受破坏后形成的。亚热带针叶林的层片结构并不简单，乔木层主要层片一般只有一种优势针叶树种，间或有一些常绿阔叶树的层片，混交比例替阶段而有所差异，这里的灌木层与地被层较温带针叶林更复杂。

亚热带针阔混交林：分为两种类型，第一种是马尾松与常绿阔叶混交林，多分布在海拔650—900米的排水良好、稍干燥的酸性黄壤土地区，乔木树种由马尾松、木荷、甜槠等组成。由于湿度条件不同，地被物有变化：较湿处以狗脊、耳蕨为主，干燥处以铁芒萁为主，若湿度条件属于二者之间，则狗脊、铁芒萁同时占优势。第二种是杉木与常绿阔叶混交林，其中杉木多为人工栽种，其下层树种以木荷、甜槠、短尾柯等为主。由于郁闭条件与湿度不同，地被物种也不同，但以芒萁和狗脊为主。

四、植物资源

缙云山种子植物的地理分布类型以热带成分为主，兼具温带过渡特征。根据钟章成教授在20世纪90年代的研究：热带分布科有82个，热带分布属有321个；温带分布科有38个，温带分布属有259个。截至2018年的调查显示，缙云山的植物总数为338科、1 171属、2 407种，其中800多种可用于制作中草药，观赏树种320多种，纤维含量高的约130种，油料植物98种。缙云山的植物中还包含一些珍贵的、稀有的保护植物，如伯乐树、桫椤、银杏、鹅掌楸、南方红豆杉等。

五、植物在生物分界中的地位

人们对植物界的认识及其范围的界定是随着科学技术的进步而发展的。就目前所知，关于生物分界的理论有很多，但归纳起来，主要有两界、三界、四界、五界和六界等分类系统。

林奈的两界系统：瑞典博物学家林奈（Linnaeus），作为现代生物分类的奠基人，在其著作《自然系统》一书中明确将生物分为植物和动物两大类，即植物界（Plantae）和动物界（Animalia）。这就是常说的两界系统，两界系统的划分在当时科学技术条件下具有重大的科学意义。至今，部分教科书仍沿用这一分类体系。

海克尔的三界系统：19世纪前后，由于显微镜的发明和广泛应用，人们发现有些生物兼具植物和动物两种属性，特别是黏菌类，在其生活史中有一个阶段表现出动物性特征。1866年，德国著名生物学家海克尔（Haeckel）提出设立原生生物界（Protista），他把原生动物、硅藻、黏菌等归入原生生物界，与动物界、植物界共同构成三界系统。

魏泰克的四界和五界系统：1959年，魏泰克（Whitaker）提出了四界分类系统，他将不含叶绿素的真核菌类从植物界中独立出来，建立了真菌界（Fungi），与植物界、动物界和原生生物界并列。10年后，在此基础上，魏泰克又提出了五界系统，他将细菌和蓝藻从原生生物界分出，建立了原核生物界（Monera），形成五界体系。魏泰克的分界系统，优点是从纵向显示了生物进化的三大阶段，即原核生物、单细胞真核生物和多细胞真核生物；从横向揭示了生物演化的三大方向，即光合自养的植物、吸收分解方式的真菌和摄食异养方式的动物。

1974年，英国生物学家黎德尔（Leedale）提出了一个新的四界系统，他去掉了原生生物界，而将魏泰克五界系统中的原生生物，根据其营养方式和细胞结构差异分别归类到植物界、真菌界和动物界中，但保留了原核生物界。

1990年，布鲁斯卡（Brusca）等人提出一个六界系统，即真细菌界（Eubacteria）、古细菌界（Archaebacteria）、原生生物界、真菌界、植物界和动物界。1989年，卡瓦列尔·史密斯(Cavalier Smith)等提出了生物分界的八界系统,他们将原核生物分成古细菌界和真细菌界;而真核生物分成古真核生物超界和后真核生物超界,古真核生物超界仅含古真核生物界,后真核生物超界则含原生动物界、藻界、植物界、真菌界和动物界。

1965年,胡先骕将生物划分为始生总界(Protobiota)和胞生总界(Cytobiota),前者仅包括无细胞结构的病毒,后者包括细菌界、黏菌界、真菌界、植物界和动物界。1977年,王大耜等认为应在魏泰克五界系统的基础上增加一个病毒界,从而形成六界系统。1979年,陈世骧根据生命进化的主要阶段,将生物分成三个总界的六界新系统,即非细胞总界(Acytonia)(仅为病毒界)、原核总界(包括细菌界和蓝藻界)、真核总界(包括真菌界、植物界和动物界)。

目前,较为一致的观点是,在生物分界中主要应该依据生物的营养方式,同时考虑生物的进化水平。因此,植物界的定义应是"适应陆地生活,含有叶绿素,能进行光合作用的多细胞真核生物"。按照这一定义,植物界包括的主要类群是部分多细胞真核藻类、苔藓植物、蕨类植物、裸子植物和被子植物。

六、植物分类单位

将自然界中数量繁多的植物种类按一定的分类等级进行排列,并以此标示每一种植物的系统性地位和归属,是植物分类学的一项主要工作。常用的植物分类等级单位主要包括界、门、纲、目、科、属、种,其中种是基本的分类单位,由亲缘关系相近的种集合为属,由相近的属组合为科,以此类推,形成更高等级的分类单位。在某个主要分类单位内,如果种类繁多或存在特殊变异,还可进一步增设次级分类单位,如亚科、族、组、亚种、变种、变型等。每一种植物通过系统分类,既可以展示出它在植物界的地位,也可以反映出它与其他植物物种的亲缘关系。

现以小麦为例,展示它在植物分类上的各级单位:

界 植物界(Plantae)
 门 被子植物门(Angiospermae)
  纲 单子叶植物纲(Monocotyledoneae)
   目 禾本目(Poales)
    科 禾本科(Gramineae)
     属 小麦属(*Triticum*)
      种 小麦(*Triticum aestivum* L.)

种（species）是生物分类学的基本单位，指具有相似形态、生理特征和共享基因库，占据特定自然分布区的生物类群。种内个体能自然交配产生正常可育的后代，而种间个体则存在生殖隔离。种是客观存在的分类单位，但其界定可能因标准不同而存在争议。一个种通过遗传变异和自然选择，可能逐步分化出新种。现在地球上众多的物种都是由共同祖先逐渐演化而来的。

亚种（subspecies），是指同一种内因地理、生态或季节上的隔离而形成的，在形态特征及性状上有明显差异且具有独立演化倾向的生物群体。变种（variety）是指具有相同分布区的同一种植物，由于微生境、生态型分化或基因型差异，植物间出现可稳定遗传的一些细微差异（如瓠子为葫芦的变种）。变型（form）是指分布没有规律，仅有微小形态学差异（如毛的有无、花的颜色等）的相同物种的不同个体。栽培品种（cultivar）不是植物分类学中的分类单位，而是指人工培育或选择的栽培植物群体，具有与经济价值相关的形态和生理特征。通常情况下，人类培育或发现的具有经济价值的变异（如大小、颜色、口感等）被列为品种，实际上这些变异属于栽培植物的变种或变型。

第5节

落叶有声
——落叶的故事

杨钰宁

活动题目:落叶的故事

活动对象:以中小学生为主,成人也可参加

参与人数:20人左右

一、活动背景

目前,学校美育教育主要以艺术课程为核心,包括音乐、美术、书法、舞蹈、戏剧、戏曲、影视等课程。然而,总体而言,美育仍处于具体实施和成效薄弱的阶段。一些学校对美育的育人功能认识不到位,重应试轻素养、重少数轻全体、重比赛轻普及,导致应付、挤占甚至停上美育课的情况依然普遍;此外,学校相关资源配置不达标、美育师资队伍缺口较大、缺乏统筹整合的协同推进机制,依然是当下美育教育亟须解决的重点问题。

美术课堂存在两种极端情况:一种是将美术技术作为唯一目标的动手课,另一种则是在未进行图像识读的情况下就开始空泛谈美的理论课。因此,本课程安排学生在第一课了解落叶的自然之美、艺术之美和人文之美,在充分感知美的内涵后,再进入第二课,即以落叶为材料的创作课。本课程旨在面向青少年开展关于落叶美术绘画的创作活动,普及科学知识,传播科学方法,培养青少年对事物的想象力与创意思维,从多维度将科学知识与个人感悟融入美术创作中,让科学融入艺术,让艺术融入生活。

二、活动主题

以落叶为素材进行落叶画创作。

三、活动目标

1.尝试运用各种工具和辅助材料进行落叶画创作,以丰富学生审美经验,培养学生的语言表达能力、想象力和动手实践能力。

2.在创作过程与作品点评环节,引导学生理解如何用落叶画再现视觉记忆、传递思想、表达情感。

3.通过学生小组之间的合作探究与共同创作,培养学生的团队意识与协作精神。

4.体验自然的魅力与美术活动的乐趣,激发创造精神,陶冶高尚的审美情操,培养对自然的敬畏之心,增强保护自然的责任感。

四、教学方法

讲授法、实践法、探究法。

五、活动实施

活动一:落叶的故事(图1-15至图1-22)

图1-15 落叶的故事(1)

图1-16 落叶的故事(2)

很多年以后。

图1-17 落叶的故事(3)

图1-18 落叶的故事(4)

图1-19　落叶的故事(5)

图1-20　落叶的故事(6)

可当他转身时,父亲已经不在原地。

图1-21　落叶的故事(7)

又是一年春天。

图1-22　落叶的故事(8)

活动二：我的落叶故事

在品读完落叶的故事之后，想必你们心中也有很多感触。请以小组为单位，利用落叶，可以适当使用马克笔、剪刀等辅助工具，精心打造属于你们的树叶故事吧。

(一)活动步骤

首先，组建学生小组，做好成员分工；其次，确定创作主题，在教师的指导下，开展美术创作；最后，做好过程记录和阶段总结。

(二)成员分工

撰写脚本、选择材料、设置人物、布置场景、讲述故事等。

(三)作品要求

1.可以采用拼贴组合的方式，最后将作品粘贴在一张长纸上，形成一个静态的画面，以长卷的形式呈现，类似中国传统人物画、连环画、漫画等形式。老师负责拍照记录。

2.可以制作成一个动态的故事，采用学生现场配音演绎或小组角色扮演的方式进行展示，老师负责录像记录。

活动三：分享你的落叶故事

树叶，随着季节的更迭，吸收养分、成长、舒展，又随着时间的流逝，被一阵风吹落，落在丛林间，落在草地上。落叶无声，你们甚至不会留意到在自己匆匆的脚步旁，有一片安静的落叶。

今天，你们亲手拾起了这一片落叶，从此它不再仅仅是一片叶子，它和你之间建立了独一无二的联系，有了只属于你们的故事。请分小组进行演示，分享你们的落叶故事。

六、总结与反思

(一)避免出现的问题

部分学生因过于注重作品的形式美感,以至于放弃树叶天然的形状轮廓与纹理图案,将叶子进行全面裁剪,最终仅保留树叶的颜色,我们不建议学生大面积使用此做法完成作品。

创作所采用的材料虽然是以落叶为主,但撰写脚本的学生应打开思路,尽可能地进行创新与创意,不要将故事的主人公局限于叶子这个单一的身份。

(二)多样化的评价方式

改变教师评价的单一模式,采用教师、小组、学生等多主体参与的评价体系,构建创作作品与活动过程的全时段、多主体、全过程、动态化的评价方式。

教师需注意记录学生的过程性资料,结合学生作品,给予针对性的教师寄语,填写教师寄语卡(图1-23)。

图1-23 教师寄语卡

第二章
森林上下 秘境缙云

第1节

植物的繁衍
——探秘植物的私生活

刘 轶

一、教学目标

知识目标：了解缙云山丰富的植物资源，深刻理解繁殖对物种延续的重要性。以被子植物为例，熟练掌握植物的繁殖方式、花的结构、授粉方式，以及种子的传播途径。

技能目标：掌握观察和解剖花的技巧，掌握视频拍摄技术、植物栽培技能、实验的设计方法等。

情感目标：培养学生对自然和生命的热爱与敬畏之情，通过对花结构与功能的探究，逐步形成"生物体结构与功能相统一"的生物学理念。

二、教学重难点

重点：1. 被子植物的繁殖方式。
2. 被子植物花的结构与功能。

难点：掌握被子植物花的形态结构与植物繁殖的关系。

三、教学设计思路

繁殖是植物的基本生命特征，对物种基因的延续至关重要。通过观看《植物私生活》纪录片与展示缙云山丰富的植物资源图片，引导学生认识到植物的繁殖能力是物种得以保存的最关键因素。进而用一系列问题串联起植物的有性繁殖理论知识，并以百合花的解剖为例，加深学生对知识的理解，由浅入深，由表及里地引领学生探究植物的繁殖过程。引导学生积极地走进自然,开展课外拓展实践活动,内化理论知识,感悟植物生存的奥秘。

四、教学过程

播放《植物私生活》纪录片精彩片段,展示缙云山中形形色色的植物图片,让学生了解植物生存繁衍的智慧,并感悟繁殖对物种存续的重要性。

(一)缙云山丰富的植物资源

缙云山总面积约 7 600 公顷,它是长江中上游难得的原生性较强的亚热带常绿阔叶林保护地,也是国家重点保护野生植物和珍稀濒危植物的生长之地。因为缙云山保存着丰富的常绿阔叶林物种基因,所以它被誉为长江中上游地区典型的亚热带常绿阔叶林植物基因库。

小组讨论:缙云山中的植物经历风霜雨露、世代更替,至今郁郁葱葱、绿荫如盖。那么,这些物种为何能长时间保存下来呢?植物物种得以保存须具备哪些能力呢?

(二)植物的繁殖

植物繁殖是指植物通过产生与自身遗传信息相似的新个体来延续物种的自然现象,这是植物的基本生命特征。植物的繁殖能力是物种得以保存和延续的关键。

问答:植物的繁殖方式有哪些?能够简单举例说明吗?

教师在同学们回答完毕后进行总结,并将本节课的内容限定在被子植物的繁殖上。能够产生种子的植物被称为种子植物。根据种子是否有果皮包裹,又可以分为被子植物与裸子植物。我们这次主要学习被子植物的繁殖方式。被子植物的繁殖方式分为有性繁殖和无性繁殖两种。

(三)被子植物的有性繁殖

1.被子植物的花

问:植物为什么要开花?

答:植物开花是它们繁殖后代的重要途径,而花朵其实是植物的生殖器官。植物在进行光合作用、呼吸作用和根部汲取养分的过程中,当其生殖器官发育成熟后便会开花。

问:花的结构是怎样的呢?

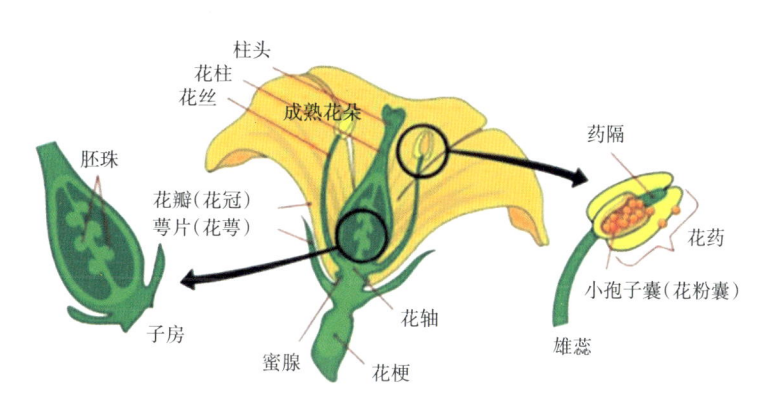

图2-1 花的结构图

答:包含花萼、花冠、雌蕊和雄蕊四部分结构的花被称为完全花,当缺少以上任一部分则被称为不完全花。总之,花的形态千千万万,但它们都包含上述各部分或某一部分(图2-1)。

问:如何区分花的性别呢?

答:当一朵花里只有雄蕊时为雄性花,当一朵花里只有雌蕊时为雌性花,雄性花和雌性花统称为单性花,同时具备雌蕊和雄蕊的花则称之为两性花。

实践活动一:观察百合花的结构

按照拟定的实验步骤对百合花进行解剖和观察,认识花的结构,学会区分雌花和雄花。

2. 花的授粉

在花的结构中,雄蕊的花药内产生花粉,雌蕊的子房内着生胚珠。花的授粉就是花粉借助风或"植物的传粉者"到达雌蕊的柱头,通过花粉管将精子输送到子房的胚珠内与卵细胞结合,完成受精过程。

植物的授粉方式分为自花授粉和异花授粉两种,教师给同学们讲解二者的差异及在物种进化中的意义。

知识卡片一

植物异花授粉案例

缙云黄芩的"结构完美设计":缙云山模式植物缙云黄芩属于唇形科黄芩属,具有唇形科植物典型的盔状花冠。每年4月到5月,缙云黄芩陆续开花,为了吸引熊蜂等昆虫来传粉,缙云黄芩花的结构可谓设计完美。它们用醒目的花序和花冠来吸引昆虫的注意,在花冠檐部的紫红色非常吸引昆虫,而4枚雄蕊的花药靠合在一起,便于昆虫取食花粉,花冠下唇的中裂片及侧裂片形成"停机坪"供昆虫停歇。

忍冬的"传粉私虫定制":忍冬科植物忍冬,俗称金银花,因其花色分黄、白两色而得名。忍冬的花为管状花,只有口器足够细且长的昆虫才有可能采到蜜并将花粉传递出去。蛾类中的天蛾有着细长且可以蜷曲的口器,恰好就是忍冬传粉的"天选之虫"。为此,忍冬通常在傍晚才开花,等候着夜行性的天蛾来为它传粉。

实践活动二:观察"植物的传粉者"的劳动过程

请同学们在日常生活中留意观察动物为植物传粉的过程,并用手机或相机拍摄记录下来,完成后撰写观察报告。

3.植物的种子

植物在授粉成功后便会形成种子,种子是被子植物物种延续的重要载体。种子具有极为精密的构造,小小的一粒种子就已蕴含着完整的生命信息。为了保护这些珍贵的种子,并尽量将它们传播出去,植物们真是用尽了浑身解数。

知识卡片二

植物种子的传播方式

1. 风力传播:蒲公英、柳树和杨树的种子很轻,可以随风飘散到远方。

2. 动物传播:有的植物的种子或果实表面有钩刺,可以黏附在动物的皮毛上,例如苍耳。有的植物的果实被动物吃掉后,种子在动物的消化道中不能被消化,随粪便排出后仍然可以发芽,如浆果类植物。松鼠和啄木鸟等动物会搜集植物的种子和果实,将它们藏在地下或其他隐蔽的地方,以备将来食用,而这些被遗忘的种子可能会发芽。

3. 水流传播:睡莲和芡实等植物种子或果实可以通过水流传播。这些种子通常能漂浮在水面上,直至被冲到岸边的土壤中。

4. 弹射传播:有的植物的果实或种子在成熟后会突然爆裂,将种子弹射出去,比如酢浆草的蒴果。

实践活动三：缙云山特色种子的萌发探究活动

请同学们以小组为单位，在缙云山中捡拾种子。捡拾时需对种子做好标识并记录其周边环境信息。利用课余时间将捡拾的种子进行盆栽播种。各小组可针对土壤、水分、温度和阳光等因素自行设计实验方案，探究种子的萌发过程，在实验过程中注意做好观察记录。

五、被子植物的无性繁殖

植物的无性繁殖方式包括插枝法、插叶法、分株法、分球法和组织培养法等。插枝法适用于绝大多数的植物，只要用健壮的枝条来进行扦插，成活率都相当高；插叶法适用于类似落地生根这样的厚叶性植物；分株法适用于地下茎发达的种类，如野姜花、美人蕉等；分球法适用于球根植物，如百合、大丽花、朱顶红等；组织培养法就是切取植物的茎尖、叶片等外植体，在无菌且营养丰富的环境中培养，可以获得大量苗株。

从遥远的早白垩世开始繁衍至今，被子植物已经在地球上生活了大约1.3亿年，其成员遍布世界各个角落。它们花开花谢，春华秋实，生老病死，繁衍生息……表面看似平静无奇，实则蕴含着生命的涌动。植物的一生都在为繁衍后代而费尽心血。然而，当前因为生态环境变化、土地资源过度开发等多种因素，许多植物都面临濒危的困境，加强植物的保护并深入探究植物快速繁殖方式尤为迫切。

课后拓展任务：结合本节课所学植物的繁殖方式，在课后查阅资料，选取缙云山中的某种植物，就其繁殖方式进行实验设计。

第2节

榕丁兴旺
——大榕树和榕小蜂的美丽约会

高红英

在五彩缤纷的生物世界里,植物占据着举足轻重的地位,毕竟,离开了植物,地球就会失去它绚丽的色彩,不再充满活力。(图片展示粮食作物及它们的种子)这些都是植物的种子,也是成为米饭、面条等主食的原材料。(图片展示各种水果)还有它们,大家都爱吃的水果。

在这些水果里有一种非常特别的,它的名字叫"无花果"(图2-2)。有没有同学吃过这种水果呢?(学生回答)无花果真的不开花就能结出果实吗?(学生回答)让我们看看它的剖面(图2-3)。

图2-2 枝条上的无花果　　　　图2-3 成熟的无花果(剖面和整个)

无花果不仅会开花,而且花朵的数量还非常多,形成花序并着生在花序轴上,只是它的花都是向内开,从外面难以窥见。这也许就是缤纷的植物世界带给我们的惊喜吧!

活动一:

根据我刚才的描述,再结合图片,大家应该可以很好地理解无花果名字的由来了吧。像无花果这样的花序,如果让你给它起名字,你觉得叫什么合适呢?(学生回答)

事实上,无花果的花序叫隐头花序。这个名称是不是把无花果的花序非常形象地概括出来了?

(图片展示黄葛树和小叶榕)这两种也是大家熟悉的植物,黄葛树是重庆市的市树,小叶榕则是优秀的行道树。

提问:它们的叶子和无花果的叶子相似吗?树枝上一个个像小疙瘩的东西是什么呢?(学生回答)其实,这两种大家熟悉的植物也和无花果一样属于榕属,所以,它们的花也是隐头花序。正因为如此,大家以为的果,其实只是由花序形成的花果。

一、榕树大家族

榕树拥有一个庞大的家族,既有像黄葛树、小叶榕这样的高大乔木,也有像无花果这样的落叶灌木或小乔木,甚至还包括一些藤本植物。在我们附近的缙云山上,榕树就有14种,今天,我们来认识其中常见的9种(无花果、黄葛树、小叶榕、北碚榕、九丁榕、菱叶冠毛榕、尖叶榕、异叶榕、地果),它们在高度、粗细上差别巨大,果实和叶片的大小及形态也不尽相同。

用图片展示缙云山上的9种榕树(具体图片略)。

活动二:

考考眼力:区分这9种榕树(学生进行简单的语言表达)

不同种类的榕树可以从许多方面来区分,仅从叶片和果实就能看出它们的不同。大家从这几种榕树中选一种你最喜欢的叶型,然后把它画到纸上,注意在画图中一定要突出它最大最明显的特征(可以考虑到户外寻找自己选中的榕树,进行实际观察)。

通过对这几种榕树的观察,大家有什么疑问或者有想要知道的吗?

例如:为什么有的榕树可以"一树成林"呢?它和其他树相比有什么独特的优势呢?黄葛树一年四季感觉都在落叶,这是为什么呢?落叶和什么环境条件有关系呢?

有的榕树在特定的季节也会落叶,大家可以捡拾落叶用来制作叶脉书签。

二、榕小蜂

我猜,大家一定对榕树如何传粉受精、繁殖后代感到好奇,毕竟它们的花都很"害羞",从不"抛头露面"!那榕树到底是靠什么方式来传递花粉的呢?仔细观察无花果的花序所形成的花果,大家觉得为它传粉的生物应该具备怎样的形体结构才有可能

帮助榕树传粉受精呢？(学生回答)

为了能传粉，榕树和大自然中的一类昆虫建立了"互帮互助"的关系，这种关系也被称为互惠共生。榕小蜂就是这一类昆虫的典型代表。(图片展示榕小蜂)传粉榕小蜂只有两三毫米长，与高大威武的榕树反差巨大，但这并不影响它们彼此依赖，成为大自然中最特别的搭档！榕小蜂为榕树传粉，榕树为榕小蜂提供生存、繁殖的场所，这种特殊的关系大约从7 500万年前就开始了。每年六七月，北碚的空气中飘散着榕树淡淡的花香，吸引着榕小蜂成群结队地来到榕树上，这时年复一年的奇迹就此展开。在漫长的时间长河中，榕树和榕小蜂协同进化，最终成为今天大家看到的形态，相信它们之间的关系还会一直持续下去。

榕小蜂虽然很小，但却在榕树繁衍生息方面扮演着不可或缺的角色。有科学家在研究的过程中发现：榕树和榕小蜂之间存在一一对应关系，也就是说每种榕树都有其专一的传粉榕小蜂和1~30种不等的非传粉小蜂，这些榕小蜂在榕果的不同发育阶段拜访榕果为其传粉。这样的发现一定是正确的吗？我们可以用什么方法来验证它呢？

活动三：

寻找验证结论"榕树和榕小蜂有一一对应关系"的方法，并将验证方法简单地写出来(学生通过小组合作，探讨验证方案，展示交流各组方案)。

如果无花果的花没有榕小蜂帮助传粉，那么无花果会变成什么样子呢？怎样区分无花果的花果和果实呢？我们在市场上买到的无花果是花果还是果实？

榕树和榕小蜂互惠共生的关系看似简单，实则高效；榕树的花朵看似退步，实则进步。正是有了榕树和榕小蜂的这层关系，才使得榕树成为各种环境中的强者，比如"一树成林"。

大家课后再深入观察了解一下你选中的榕树以及它的搭档——榕小蜂，把你观察了解到的情况以图文并茂的形式(自然笔记)呈现在一张A4纸上。

"榕树的花朵看似退步，实则进步"，请大家思考一下，榕树的隐头花序和别的植物的花相比存在怎样的优势？

第3节

展开物候的画卷
——缙云山鹅掌楸的物候小记

何玥瑶

一、研学背景

二十四节气作为中国先民智慧的结晶,沿用至今,与之相关的物候记录在农事指导和科学研究中发挥了非常积极的作用,并为物种的保护提供了全面的资料参考。缙云山位于重庆市北碚区,国家二级保护植物鹅掌楸在此生长,了解其物候变化能够更加有效地指导学生保护这一珍稀树种。

本次课程以物候和鹅掌楸生存环境为主线,引导学生探究物候差异产生的原因以及鹅掌楸的分布情况,并自制雨量器,为外出学习实践做好准备。

二、创新点

1. 教学内容新颖

鹅掌楸是学生平时较少接触的植物,目前对其物候研究还较少,但作为国家二级保护植物,了解其物候对气候变化的响应是制定保护措施的基础。学生填写物候表是引导他们有意识观察的第一步。

2. 教学活动创新

降水是影响生物物候变化的重要因素之一。通过带领学生制作雨量器,可以让学生在活动中更好地理解测量原理,并培养他们的动手能力。

三、教学目标及重难点介绍

(一)教学目标

1. 能够理解物候的概念及其随时空变化而产生的差异。
2. 能够通过分析鹅掌楸适宜的环境条件推测出其分布区域。
3. 能够以小组合作的形式设计和制作出雨量器。

(二)教学重点

1. 学生通过视觉体验,理解直射和斜射引起的温度差异。
2. 理解生物如何随着温度、降水等环境要素发生周期性变化。
3. 学生通过分析鹅掌楸的生活习性,初步判断出其分布范围。
4. 雨量器的设计与制作。

(三)教学难点

1. 学生通过分析鹅掌楸的生活习性,粗略判断其分布范围。
2. 小组合作、合理分工,共同完成雨量器的制作。

四、课程实施

深入研读与鹅掌楸物候相关的文献和书籍,如《物候学》和《鹅掌楸属种质资源及其创新利用》;搜集鹅掌楸的分布数据;观看有关二十四节气发展的教育视频。

(一)二十四节气

1.设计意图

(1)引入课堂主题——物候学与鹅掌楸。
(2)明确物候的定义,有助于学生更深入地理解物候变化的原因及其差异。
(3)在讲解纬度对气候的影响时,可以借助手电筒在黑板上的直射和斜射演示(图2-4),引导学生分析其中的差异。

图2-4　用手电筒演示太阳直射和斜射

2.教师工作

【引言】正值谷雨时节，众多植物竞相绽放，争奇斗艳。那么，究竟什么是谷雨？为何鹅掌楸、虞美人等植物会选择在这个特定时期开花？此外，不同地区的植物开花时间是否存在差异？背后的原因又是什么呢？

【时间认知】要解答这些疑问，我们首先需要了解古人是如何理解时间的。通过昼夜的更替，我们可以感知到日的流逝；通过月亮的盈缺，我们能够辨识月的周期；而从黍的播种到收获，则标志着一年的轮回。正是基于这些自然现象，古人最早辨识的季节是春秋，这也是在甲骨文中唯一能够找到的季节记录。值得注意的是，黍是黄河流域早期重要的农作物之一。

【古今气候变迁】提及黄河流域的省份，河南是不可不谈的。河南广播电视台的标志是一头大象，甚至河南的简称"豫"，都暗示了河南曾是大象的栖息地。这些大象如今都到哪里去了？这一现象揭示了我们所处的环境从古至今发生了显著的变化。

【观看视频】古人将地球的公转轨道等分为24份，形成了我们所熟知的二十四节气，其中谷雨便是其中之一。引导学生通过视频深入了解节气的历史演变。

【物候变化的成因】我们刚才提到了"秋"字的甲骨文，实际上还存在另一种形式，它描绘的是一只蟋蟀。蟋蟀，也被称作秋虫，它们在秋季鸣叫以吸引配偶，并在适宜的时刻产卵以度过冬天。因此，随着季节的更迭，物候也随之改变。生物能够感知具体的节气日期吗？显然不能，它们行为的改变是由于感受到了温度、降水量等气候因素的波动。生物通过长期适应光照、降水、温度等环境条件的周期性变化，形成了与之相协调的生长发育节律。这种现象,我们称之为物候现象。尽管节气的日期相对固定,但生物随着节气变化而表现出的周期性变化,可能会因时间、空间等因素而有所差异。不同地区的生物变化是否一致呢?答案是否定的。不同纬度地区太阳的高度角不同,这导致热量的分散程度各异,从而形成了不同的气候特征;海拔的差异同样会引起显著的气候差异,正如古诗所言:"人间四月芳菲尽,山寺桃花始盛开"。此外,古今气候条件也存在显著的差异。

3.学生任务

(1)积极思考问题:自然现象会因何而转变?

(2)仔细观看视频,深入了解二十四节气的探索之旅。

(二)推测鹅掌楸的分布

1.设计意图

(1)通过研究鹅掌楸适宜的生存环境条件,我们可以确定其分布范围,并借此培养学生的地图阅读能力和问题分析能力。

(2)构思制作物候表所需的要素,深化学生对物候现象的理解。

2.教师工作

【探索鹅掌楸的特性】如果我们有机会仔细观察鹅掌楸的叶片,可能会联想到一件传统的马褂。这就是鹅掌楸被称作"马褂木"的原因。接下来,我将向大家介绍鹅掌楸的几个生活习性:它偏爱温暖湿润的气候,年平均气温适宜在12—18摄氏度之间;它喜欢深厚肥沃、湿润且排水良好的酸性或微酸性土壤;通常生长在海拔900—1 000米的山地林中,对低洼和积水环境十分敏感。同学们可以尝试根据这些习性推断鹅掌楸可能的生长区域,并结合实际观察,探索鹅掌楸在中国的分布情况。例如,在重庆的缙云山,鹅掌楸就有广泛的分布。

【鹅掌楸物候表的设计】然而,由于多种原因,鹅掌楸目前已成为濒危植物,相关的物候资料相对稀缺。正如之前提到的,物候现象会随着纬度、海拔等地理因素而变化,而缙云山的环境也赋予了其独特的物候特征。我们可以在鹅掌楸的开花季节,对其展开物候观测。

生物体的节律性变化源于它们对周围环境中的气温、降水量等变化的感应。因此,一个完整的物候表应当包含哪些要素呢?时间、温度、降水量以及物候特征等信息是必不可少的。

3.学生任务

学生们自由地表达意见,通过分析鹅掌楸适宜的生长环境,推断出它潜在的分布区域。

(三)制作雨量器

1.设计意图

(1)培养学生们的团队合作精神和实践操作能力。

(2)由于饮料瓶的直径不一致,测量时会产生一定的误差。教师可以引导学生探讨造成这种误差的原因。

(3)将水加至0毫米刻度线的目的有两个:一是增加"雨量器"的总重量,使其更稳定;二是因为瓶子底部的形状不规则,需要以瓶身的下端作为测量的起点。

2.教师工作

【雨量器操作指南】将学生分成6组,协作制作雨量器。老师可以在讲台上进行示范。

每组学生上台领取以下材料:一个大号塑料瓶、一把小刀、一把剪刀、一卷双面胶、一个量筒以及一把刻度尺。

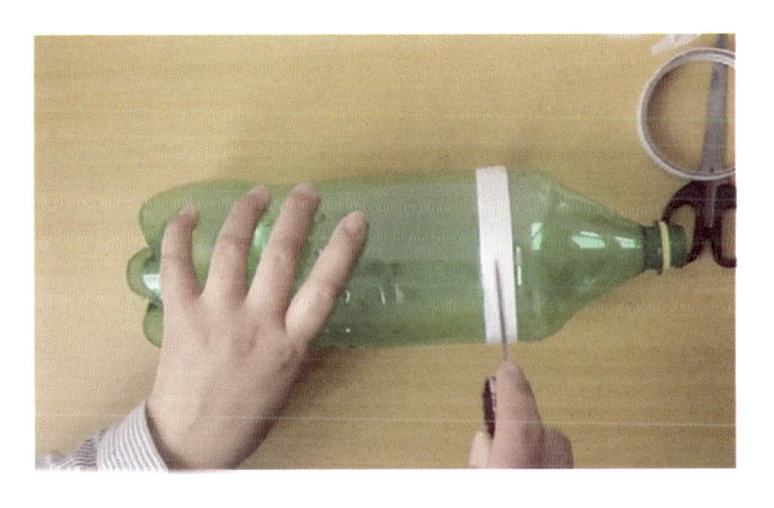

图2-5 将塑料瓶切开

首先,按照图2-5所示的位置将塑料瓶切开,然后将切下的部分瓶口朝下,插入瓶身内(图2-6)。

图2-6　瓶口朝下插入瓶身

其次,将50毫米刻度尺紧贴瓶身,并向瓶内加水,直至水位达到0毫米刻度线(图2-7)。

图2-7　将刻度尺贴于瓶身

最后,选择合适的日期,将雨量计放置于平坦、开阔且无遮挡的室外。

3.学生任务

(1)将学生随机分为6组,在组内讨论并确定分工,然后完成雨量器的制作任务。

(2)针对所制作的雨量器,分析可能会出现的误差因素。

五、课堂中可能出现的问题及解决方案(如表2-1所示)

表2-1 雨量器制作课中可能出现的问题及解决方案

可能出现的问题	解决预案
学生发现雨量器出现误差时,可能会产生疑问	老师需要加以引导,但不能直接给出结果,可以从课堂所教雨量器测量原理入手,让学生留心塑料瓶特征,一步步深入分析,之后再让学生探讨过程中可能出现的误差,通过这样一个循序渐进的过程,学生对相关知识的掌握会更加牢固
学生对物候的理解可能出现困惑	教师一定要讲清楚物候的定义,帮助学生逐字理清概念,并以蟋蟀、黍等生物为例进行说明
雨量器制作过程中的安全问题	用小刀切开塑料瓶的过程需要教师对学生进行密切关注,维持好纪律,并提供更安全的切割方式,如切开一部分后改用剪刀慢慢剪开,防止受伤

六、预期结果

1. 学生能够基本理解物候及其随空间和时间变化产生差异的原因。
2. 学生能够根据中国温度带划分图和中国地势图粗略判断鹅掌楸的分布区域。
3. 学生能够在教师的指导下制作出简易雨量器。
4. 学生能够简要分析出简易雨量器可能出现的误差及其原因。

七、效果评价标准与方式

通过评估学生制作雨量器的成果,描述鹅掌楸分布区的准确度,并根据小组发言的完整性、逻辑性和清晰度等标准进行本次研学旅行的效果评价。

八、本次活动利用的各类教育资源

包括教师资源、文献资料和视频资料等。

九、总结

本次课程以理论讲述为主,首先通过节气引出鹅掌楸,接着讲解随着节气不断变化的物候现象,阐述其因时间、空间的变化而产生的差异。其次,缙云山因其独特的经纬度和海拔,生长其中的鹅掌楸是国家二级保护植物,因此,研究它的物候变化对于保护工作具有非常重要的意义。最后,学生动手制作雨量器,并分析可能出现的误差原因,为下次外出实践做好知识上的储备。本次课程不局限于课本知识,而是将部分课本知识结合动手实践,旨在拓宽学生的视野,放眼于更广阔的领域。

第4节

药用植物与人类生活
——中医药文化进校园教学设计

蒋汶洮

一、教学目标

1. 举例说明校园内的药用植物。
2. 阐述药用植物与人类生活的关系。
3. 描述药用植物与其周围环境的关系。
4. 尝试探索开发与利用药用植物的途径。

二、设计思路

习近平总书记强调:"中医药学包含着中华民族几千年的健康养生理念及其实践经验,是中华民族的伟大创造和中国古代科学的瑰宝。"博大精深的中医药文化,展示了中华民族深厚的文化底蕴和无穷的生存智慧。

为弘扬和传承这一优秀的传统文化,普及中医药健康养生知识,激发孩子们学习中医药文化的兴趣,拓宽青少年了解中医药文化的途径,为中医药文化的传承注入新活力,让优秀的中国传统医学和文化惠及更多青少年。

本文从中医药文化历史起源与发展,到引导同学们认识身边的中草药,再到其应用价值的深入剖析,层层深入,全面展示我国中医药文化的博大精深。

三、教学过程

(一)中医药文化发展与历史贡献

1.设计意图

引导学生深刻领会中国传统文化的博大精深,自古以来,中医药文化便与人们的生活紧密相连。

2.教师活动

提问:同学们,你们了解我国中医药研究的起源吗?有哪些相关的故事给你们留下了深刻的印象?先民们又留下了哪些卓越的中医药典籍呢?

(1)讲述"神农尝百草"和"药食同源"的典故。

(2)介绍《神农本草经》《本草纲目》等经典著作。

(3)介绍屠呦呦及其发现的青蒿素。

3.学生活动

学生们进行思考与讨论。

(二)古诗词中的中草药

1.设计意图

通过赏析古诗词,领略古人的智慧,探索微小植物所蕴含的深厚价值。

2.教师活动

提问:这些教学口诀和诗句中提到了哪些中草药?它们各自具有哪些药用价值呢?

塘中荷花伴蒲草,
蒲黄止血功效好。
——中医药教学口诀

低地桑树舞婆娑
叶果根皮皆入药
——中医药教学口诀

麦死春不雨，禾损秋早霜。

岁晏无口食，田中采地黄。

采时将何用，持以易糇粮。

凌晨荷锄去，薄暮不盈筐。

携来朱门家，卖与白面郎。

与君啖肥马，可使照地光。

愿易马残粟，救此苦饥肠！

——白居易《采地黄者》

3.学生活动

学生们进行思考与讨论。

（三）药用植物的应用价值

1.设计意图

通过师生之间的互动以及学生间的相互交流，让同学们认识到药用植物与人类生活的紧密联系，从而激发同学们对环境的关注和对植物的爱护。

2.教师活动

药用植物因其具有药用价值而拥有显著的经济重要性：它们不仅能够用于医药领域，治疗多种人类疾病，而且具有较低的毒副作用；同时，作为农药使用时，它们展现出不污染环境、不易导致病虫产生抗药性以及对人类危害较小等优势，因此具有广阔的应用潜力。

提问：你能举例说明，我们是如何有效利用药用植物的吗？

（1）医药用药

例如，穿心莲叶、人青叶等常见的中草药，具有清热解毒、抑菌消炎的功效；枇杷叶和芸香草叶则是止咳的良药；而三尖杉、喜树、柏树、鸦胆子等植物则展现了抗癌的潜力。

（2）营养保健

例如药膳和茶饮等。

3.学生活动

学生之间进行分享与交流。

（四）中成药中的中草药

1.设计意图

关注生活细节,熟悉常用药物。

2.教师活动

提问:你们吃过哪些中成药？你们是否知道它们都含有哪些植物成分？

（1）搜一搜:教师将提供一些常见的中成药包装盒,让学生搜寻其中的药用植物;

（2）辨一辨:教师将提供一些中药材,让学生进行鉴别。

3.学生活动

学生们进行分享、识别与交流。

（五）校园植物的药用价值

1.设计意图

热爱校园,呵护校园内的药用植物。

2.教师活动

提问:在我们的校园里,你知道哪些植物具备药用价值吗？

3.学生活动

学生之间进行分享与交流。

（六）常见食物中的药用价值

1.设计意图

珍惜食物,倡导科学饮食。

2.教师活动

俗话说,"冬吃萝卜夏吃姜,不用医生开药方",这是我们的祖先在日常生活中总结出的养生智慧,其字面意义简洁明了:冬季宜食萝卜,夏季宜食姜,揭示了养生的简易方法。由于萝卜性寒而生姜性温,古人相信在不同季节食用这两种食物,能够有效地达到"春夏养阳,秋冬养阴"的养生效果。

提问:在我们的饮食中,你知道哪些食材具有药用价值吗？

3.学生活动

分享与交流各类食物的药用价值。

(七)课后活动

1.安排学生们完成自然笔记

2.组织一次学生自然笔记作品展

第5节

童眼看中药文化
——走进缙云山探寻中药奥秘

陶永平

一、主题与目标

重庆缙云山国家级自然保护区位于长江中上游地区,拥有典型的亚热带常绿阔叶林,森林覆盖率达98.6%,其植物多样性丰富,植物种类截至2018年为2 407种。《缙云山药用植物》一书详细记载了保护区内及周边有药用价值的植物种类达800余种,植物药材资源丰富。中药主要由植物药(如根、茎、叶、果)、动物药(如内脏、皮、骨、器官等)和矿物药组成,因植物药占中药的大多数,所以中药也称"中草药"。

中国是中草药的发源地,目前中国境内约有12 000种药用植物,把各种药材相配而形成的方剂更是数不胜数。中国人民对中草药的探索经历了几千年的历史。相传,神农尝百草,开创医药先河,被尊为"药皇"。明代李时珍花毕生精力编撰的医药巨典《本草纲目》,被世人称为中草药的宝典,李时珍亦被誉为"药圣"。目前,《本草纲目》已传播到日本、朝鲜、越南、英国等世界多个国家和地区。中药的历史和文化源远流长,是中国文化的瑰宝之一。

了解中医药文化常识是提高学生科普素质的重要环节。据调查,很多人误认为中药是纯天然的,是安全无任何毒副作用的。其实"是药三分毒",中药也不例外,不能滥用。我们拟面向初一学生开展活动,带领学生走进重庆市缙云山国家级自然保护区,通过近距离探访和参观植物中草药,进一步认同中药文化,了解中药文化的基本常识。同时,以"中药不能滥用"为切入点,学习"安全用药"基本知识,引导学生关注用药安全,重视健康。

本项目在开展过程中,秉持"学中做,做中学"理念,结合实际情况,开展了一系列适宜的学生活动,即"童眼看中药文化"系列活动(包括探寻缙云山的中草药植物、认识常见中药材、制作中药文化小报和中药故事小报、"安全用药"小调查、"安全用药"小报制作以及"爱心"驱蚊中药包制作等)。这些优秀活动作品通过展出的方式走进不同的校园、社区和街道,让学生把学到的中药文化知识,感受到的中药文化魅力通过作品分享给家人、朋友、同学和邻居,让学生体会到学习和科普的乐趣,同时又最大限度地发挥该项目的辐射带动作用,以点带面,将中药文化的科普知识传播到更多人的心中,使项目的效益达到最大化。

二、活动过程

本项目立足于重庆缙云山国家级自然保护区(联合重庆市中药博物馆、重庆市中药研究院和重庆市药用植物园)开展以"中药文化"为主题的综合访问调查活动。活动主要由以下四部分组成:

1."童眼看中药文化"之探寻缙云山的中草药植物。

2."童眼看中药文化"之走进重庆市中药博物馆、重庆市药用植物园和重庆市中药研究院,感受并了解中药文化常识。

3."童眼看中药文化"之学习用药安全常识。

4."童眼看中药文化"之制作及推广(学生制作活动及作品展出):包括中药文化小报、"爱心"驱蚊中药包的制作,以及"安全用药"小调查等活动的推广。

三、教学场地与教学准备

教学场地:本项目的主要活动场地在重庆缙云山国家级自然保护区(联合重庆市中药研究院、重庆市中药博物馆和重庆市药用植物园),"童眼看中药文化"系列小报及相关活动的学生作品在西南大学附属中学校内展出。

教学准备:为保证项目的质量,项目组对每一位承担任务的教师进行上岗考核,并组织开展专项培训;根据每次活动的具体内容,提前准备相应的用具和器材,保障项目顺利进行。同时,活动中及时进行总结反思,优化项目中的各个细节。

四、时间安排

该项目中的访寻和参观时间安排在周末进行,"安全用药"主题学习为1课时,其他的"童眼看中药文化"系列制作活动课,因主题不同,将灵活安排课时的时长,但学生制作活动课总时长控制在2课时以内。

五、项目成果及评估

本项目的特色在于通过丰富多彩的学生活动来推动项目的进程:首先,最大限度地激发学生参与的积极性和主动性;其次,将优秀学生成果以小报、图片等形式在校园、社区、街道进行展出和推广,广泛传播中药文化;最后,随着项目的深入推广,不断积累经验,可以进一步优化和完善活动设计案例,并将其固化和推广,以实现效益最大化。

项目实施效果可以从活动参加人数、活动作品(如制作中药文化小报、"安全用药"知识小报及调查小报和照片资料等)的评比和总结、相关记录,以及作品展示时教师、家长、学校及参观者的反馈意见等方面进行评估。

第三章

虫鸣风吟
五感缙云

第1节

昆虫世界
——探索与认知

何 凤

一、教学目标

1.知识目标

（1）通过观察、比较和分类，准确描述昆虫的主要特征。

（2）通过观看视频并联系生活实际，对比分析完全变态发育与不完全变态发育的异同。

2.能力目标

（1）通过观看标本、图片和视频等资料，提高学生的观察、比较、分析和归纳能力。

（2）在小组合作中，学习与他人协作，锻炼并提高沟通能力。

3.情感、态度、价值观

（1）引导学生辩证地认识昆虫与人类的关系，学会用生物学知识分析和解释自然现象。

（2）树立保护昆虫的意识。

（3）培养学生认真严谨的科学态度，激发学生对大自然的热爱之情。

二、教学重点

1.准确描述昆虫的主要特征。

2.对比分析完全变态发育和不完全变态发育的异同。

三、教学难点

1. 组织教学活动,引导学生准确描述昆虫的主要特征。
2. 描述完全变态发育和不完全变态发育的过程,并比较两者的异同。

四、教学准备

1. 准备昆虫标本、昆虫图片和视频资料。
2. 将学生按照6人一组进行分组,并选出各小组的小组长。

五、教学过程

(一)问题引入

问题一:在日常生活中,同学们都曾在自然界中观察到哪些昆虫?

1. 设计意图

引导学生从日常生活出发,更多地亲近大自然,关注生活中的细节。

2. 教师活动

在黑板上列出学生们提及的各种虫子。

3. 学生活动

学生回忆并举出实例。

问题二:同学们能否根据特定的标准对这些昆虫进行分类?

1. 设计意图

培养学生的观察力和比较分析能力。

2. 教师活动

(1)巡视课堂,提供适时的指导。
(2)依据分类结果,引导学生认识昆虫的特征。

3. 学生活动

学生分组展开讨论,并完成分类任务。

(二)探究昆虫的基本特征

步骤一：指导学生仔细观察标本,并完成表格的填写,以归纳昆虫的基本特征。

1.设计意图

归纳昆虫的基本特征是本节课的核心目标,有助于培养学生的分析、概括和表达能力。

2.教师活动

(1)巡视课堂,并提供适时的指导。

(2)教师概括了昆虫的基本特征：

①拥有较硬的外骨骼；

②附肢具有分节结构；

③具备一对触角,两对翅膀,以及三对足。

3.学生活动

(1)以小组形式观察标本并进行讨论,完成相应表格(表3-1)：

表3-1　蝗虫、瓢虫、蜻蜓和蜜蜂的分类特征表

分类特征	蝗虫	瓢虫	蜻蜓	蜜蜂
体表是否较硬？				
身体是否分节？				
不同体节是否有差异？				
身体分为哪几个部分？				
有无触角？是否分节？				
有无翅膀？有几对？				
足有几对？是否分节？				

(2)学生归纳昆虫的基本特征,并互相补充、完善这一概念。

步骤二：引导学生阐述昆虫特征的重要性。

1.设计意图

理解结构与功能相适应、生物与环境相协调的原理。

2.教师活动

(1)明确外骨骼的位置及其重要性：它不仅提供保护，还能防止水分蒸发，并且其分节结构有助于提高运动的灵活性。

(2)探讨附肢的分节现象及其功能，特别是足和翅的作用——分节使得运动更为便捷。前翅具有保护功能，而后翅则相对薄且面积较大，这有助于提升飞行能力。

3.学生活动

结合日常生活实际，探讨昆虫的生活习性和栖息环境，阐述昆虫所具备的特征及其意义。

步骤三：展示一系列虫子的图片，识别它们是否为昆虫，例如蜘蛛、蝎子、蜈蚣、虾和螃蟹等。

1.设计意图

运用知识，了解学生对知识的掌握程度，培养学生的观察和比较能力，引导他们更多地关注大自然，细心观察并热爱大自然。

2.教师活动

(1)根据学生的判断进行总结。

(2)这些生物并非昆虫，但我们常会误认为是昆虫，因为它们与昆虫有许多相似之处，例如都具有坚硬的外骨骼，身体和附肢均分节等。实际上，它们与昆虫同属于节肢动物门。因此，大家需注意区分，并根据昆虫的基本特征来作出准确判断。

3.学生活动

学生应将所学知识应用于实际，进行判断。

步骤四：过渡提问——同学们，你们了解昆虫的一生是如何经历变化的吗？

1.设计意图

深入了解学生的情况，提高学生的语言表达能力。

2.教学活动

根据学生的回答，提供恰当的指导。

3.学生活动

学生们阐述自己的观点。

(三)昆虫的发育

步骤一：观看《家蚕的一生》视频，并完成表格填写。

1.设计意图

旨在培养学生的比较能力，引导他们在日常生活中积极观察自然现象。

2.教师活动

在学生观看视频之后，引导他们填写表格，以便归纳出变态发育的定义。接下来，我们将探讨完全变态发育的概念。

(1)你能列举出哪些昆虫的发育过程与家蚕相似吗？

(2)家蚕在其生命周期中会经历几个不同的阶段？

3.学生活动

学生们观看视频，并根据视频内容完成表格(表3-2)：

表3-2　蚕在变态发育中的变化

特征	幼虫(蚕)	成虫(蚕蛾)
触角		
足		
翅膀		
食性		

步骤二：观看《蝉的一生》视频

1.设计意图

旨在培养学生的比较和总结能力。

2.教师活动

(1)提问：所有昆虫的发育过程都与家蚕相同吗？

(2)总结：

①相同点——昆虫均经历变态发育。

②不同点——家蚕在其生命周期中会经历卵、幼虫、蛹、成虫四个阶段，属于完全变态发育；而蝉则只经历卵、若虫、成虫三个阶段，属于不完全变态发育。

3.学生活动

在观看视频之后,学生们对比蝉与家蚕在发育过程中的相同点与不同点,并填写相应的表格(表3-3)。

表3-3 蝉与家蚕的相同点与不同点

昆虫	相同点	不同点
蝉		
家蚕		

(四)昆虫与人类的关系

1.设计意图

引导学生辩证地理解昆虫与人类之间的关系,运用生物学知识对自然现象进行分析和解释,树立保护昆虫的意识,培养学生认真严谨的科学态度,激发学生对大自然的热爱之情。

2.教师活动

(1)提问:在日常生活中,我们经常与各种昆虫接触。同学们能否描述一下昆虫与人类之间的关系呢?

(2)教师进行总结并进一步完善学生的答案。

①积极的方面:昆虫能为人类提供重要的食品和工业原料,例如蜜蜂和家蚕,它们还能用于制药;此外,一些昆虫可作为食物,其富含蛋白质等营养成分。

②消极的方面:昆虫可能会对农业生产造成损害;它们有时会对人类和动物的健康构成威胁;此外,昆虫还可能会破坏书籍、衣物等物品。

3.学生活动

学生们展开讨论并作出回答。

第2节

守护生物多样性
——北碚模式生物和珍稀物种大调查

罗　键　罗渠高

一、巴山夜雨涨秋池

缙云山古称"巴山",因其日间白云缭绕,晨昏霞云缤纷。古人以"赤多白少"为"缙",故得名"缙云山"。它与峨眉山并列为巴蜀佛道胜地,素有"川东小峨眉"之称。"南朝四百八十寺"中的缙云寺和温泉寺便坐落于缙云山。

重庆缙云山国家级自然保护区横跨北碚、沙坪坝、璧山三区,地处嘉陵江小三峡之温塘峡西岸,是极为罕见的位于大都市主城区的重要自然保护地。缙云山属于川东隔档式褶皱带,从东到西依次有朝日峰、香炉峰、狮子峰、聚云峰、猿啸峰、莲花峰、宝塔峰、玉尖峰、夕照峰九峰绵延。东西长约23千米,南北宽约5千米,总面积7 600公顷,最低海拔约200米,最高海拔952.2米,属亚热带季风气候,温暖湿润,环境优越。这里雨量充沛,约有七成降雨在夜间发生,自古有"巴山夜雨"之说。

缙云山自然保护区成立于1979年,1985年加挂"重庆市植物园"的牌子,2001年晋升为国家级自然保护区。缙云山也是国家4A级旅游景区,与北温泉、钓鱼城及嘉陵江小三峡等景区共同构成了缙云山国家级重点风景名胜区。自然保护区内物种资源极为丰富,区系起源古老,物种稀有程度高,特有性显著,被誉为长江中上游地区典型的亚热带常绿阔叶林植物基因库。截至2018年的调查显示,缙云山已知被子植物158科793属1 577种(含2015年以来发现的木油桐、异叶梁王茶、岩木瓜等新分布物种),裸子植物9科23属45种,蕨类植物37科72属152种,苔藓植物55科112属244种,藻类植物28科60属206种,以及大型真菌51科109属184种。

缙云山自然保护区内有国家重点保护植物52种。不计引种栽培、迁地保护的物种，保护区内自然分布着南方红豆杉和伯乐树这两种国家级保护野生植物，以及金毛狗、齿叶黑桫椤、华南黑桫椤、桫椤、金荞麦、润楠、楠木等国家二级保护野生植物，还有青檀、缙云卫矛、缙云黄芩等重庆市重点保护野生植物，以及缙云溪边蕨、缙云冬青、缙云秋海棠等36种模式植物，其中缙云赤车是2021年发表的新种。在这丰富的植物资源中，药用植物达800余种，如绞股蓝、半夏等。

缙云山良好的森林植被为野生动物提供了理想的栖息环境。20世纪50年代，曾有豹等大型动物出没，但随着人为活动的增加，到20世纪60年代初，大型食肉类动物基本绝迹。由于人力、物力等因素的制约，研究者至今仍未对缙云山野生动物资源进行过详尽的本底调查，仅对节肢动物门中的昆虫纲和蛛形纲，以及脊索动物门的陆生脊椎动物进行过专项调查。截至2018年的调查结果显示，昆虫纲有17目119科1 076种，其中皱胸闪光天牛、横线绿虎天牛、鱼藤跗虎天牛、脊胸突天牛，以及我们新发现的华庆锦斑蛾等是重庆市新记录；蛛形纲有3目28科227种，其中长管奥塔蛛、钩刺足蛛、宗煦刺足蛛和渝洞密蛛等是2015年以来依据缙云山标本发表的新物种，叉斑奥塔蛛、台湾奥塔蛛、日本管蛛、中华管蛛等是重庆市物种新记录。陆生野生脊椎动物涵盖4纲26目63科238种，包括两栖纲1目4科13种，爬行纲2目9科25种，鸟纲16目35科164种，哺乳纲7目15科36种。其中，峨山掌突蟾、合江臭蛙、寒露林蛙、棘腹蛙、成都壁虎、哈氏脆蛇蜥、绞花林蛇、黑背链蛇、红交嘴雀、黑眉拟啄木鸟等，是2010年以来我们新发现并报道的重庆市物种新记录。截至2023年5月22日不完全统计，国内外学者已发表以缙云山一带为模式产地的动物190种，其中缙云三窝蛛和九齿三窝蛛系2021年发表的新种。

自2011年以来，缙云山保护区管理局依托中欧生物多样性公众教育项目、保护母亲河行动、欢乐海岸中国自然使者行动，以及重庆市梦想课堂·自然笔记等活动，联合世界自然基金会、西南大学可持续发展教育中心、重庆市渝中区自然介公益发展中心、少年先锋报社、重庆市教育学会生态文明与环境教育专业委员会等多家机构，面向公众特别是青少年，开展了大量的自然教育工作。该局实行了学校集体预约免费进入制度，建设了人工湿地，并启动了"笔记缙云山""漫步缙云"等一系列生态文明教育活动（图3-1），年均接待中小学生和游客达20万人次，先后被国家部委授予国家生态文明教育基地、全国科普教育基地、全国中小学环境教育社会实践基地等荣誉称号。

图3-1　生态文明教育活动现场

二、碚城大义诺亚方舟

北碚原名白碚,因其境内有白鱼石延伸至嘉陵江中心而得名;乾隆年间,又因其地处巴县北部而更名北碚。民国初年,由于军阀割据,江北、巴县、璧山、合川四县交界的嘉陵江小三峡地区匪盗猖獗。1916年春,川东道尹设立"江巴璧合"四县特组峡防营,先后更名为三峡警备队、峡防司令部、峡防团务局,均为治安联防机构。1936年,成立临时性行政区——嘉陵江三峡乡村建设实验区。1942年,按一等县设置北碚管理局。新中国成立后,北碚成为重庆市辖区。

一个世纪以来,来北碚开展科学考察和研究工作的国内外学者、大专院校师生络绎不绝。抗战期间,北碚曾是很多重要科研机构的驻地,一度成为中国科学界的"战时学术研究中心"。

1930年9月,爱国实业家卢作孚在北碚创办中国西部科学院,下设理化、地质、生物、农林四个研究所。1943年,该院与在北碚的中央研究院动植物研究所和气象研究所,经济部中央地质调查所、中央工业实验所、矿冶研究所,农林部中央农业、林业、畜牧实验所,中国科学社生物研究所,江苏医学院,中国地理研究所等机构共同筹办"中国西部博物馆",次年开馆。新中国成立后,该馆先后改建为西南人民科学馆、西南博物院自然博物馆、重庆市博物馆。1981年,四川省人民政府在重庆市博物馆增挂"四川省重庆自然博物馆"的牌子。1991年,重庆自然博物馆独立建制至今。2015年金华路的新馆建成开放,现为国家一级博物馆、国家4A级旅游景区;2018年,文星湾的老馆——中国西部科学院旧址陈列馆开馆,成为全国重点文物保护单位和国土资源科普基地,至今仍发挥着"辅助教育及促进学术研究"的重要作用。

1936年,著名教育家黄炎培感慨道:"诸君从普通地图上找'北碚'两字,怕找遍四川全省还找不到,可见这小小地方,还没有资格接受地图编辑专家的注意呀!可是到了现在,北碚两字名满天下,几乎说到四川,别的地名很少知道,就知道北碚。与其说因地灵而人杰,还不如说因人杰而地灵吧。"1937年,国民政府迁都重庆,北碚成为陪都的迁建区,赢得了"小陪都"之美誉。迁至北碚的中央部级单位、中央直属单位以及教育、科学、文化机构等共计近百所。复旦大学、江苏医学院等20余所大专院校纷纷入驻,中央研究院动植物研究所(1944年分设动物、植物研究所)等20余所国家科研机构以及3 000余名教育、科学、文化名流接踵而至。1943年4月,英国著名科学史家李约瑟在中国科学社生物研究所所长钱崇澍陪同下,访问了中央研究院动植物研究所等内迁机构。李约瑟后来记述道:"中国最大的科学中心是在一个小市镇上,叫作北碚。"

1948年,中国地理研究所《地理》季刊第五卷第三期、第四期合刊(北碚专号)收录了8篇分志,除该所撰写的地形、聚落、土地利用3篇志外,还包括中央地质调查所的地质志、土壤志,中央研究院动物研究所的动物志,国民政府主计处统计局的人口志,以及杨家骆改编的农业志。战时的北碚,不仅保存了中国的学术星火,培养了西部的研究人才,也让北碚在多项基础研究,包括生物多样性数据,直至21世纪初,依然在重庆的各区县中名列前茅。目前,"重庆"记录的两栖爬行类仅有1例发现地不是北碚。

2017年10月,我们在西南大学附属小学校园内和石岗村相继发现了2号"迷你蛇",经鉴定为盲蛇科印度盲蛇属的钩盲蛇(曾称盲蛇、婆罗门盲蛇),为重庆市北碚区的物种新记录,至此,重庆主城九区均有了该物种的记录。1968年,在渝中枇杷山重庆博物馆宿舍后砖缝泥土中,首次采得3号标本,这是整个四川盆地的物种新记录;1982年,在重庆复旦中学教学楼后沟边再次采到1号标本;此后,这个物种在重庆一度销声匿迹,直至21世纪初在市区重新发现,目前重庆近半数区县已有相关报道。

钩盲蛇是我国乃至世界已知蛇类中最小的,由于它们孤雌生殖的方式以及常穴居于土壤中的生活习性,使得它们可以通过全球性园艺贸易扩散至其自然分布外的许多热带和亚热带地区,成为世界上分布最广的蛇类。其繁殖地南至南纬34°左右的南非开普敦,北至北纬30°左右的中国重庆,国内主要繁殖于长江以南的地区,仅在重庆能够越过长江天堑实现常年繁殖。除了钩盲蛇之外,国产盲蛇科还有4种:国内仅分布于香港的白头钩盲蛇,近年发表的香港特有新种香港盲蛇,国内仅分布于广西、海南、云南及藏南的大盲蛇,以及台湾特有的恒春盲蛇。

三、马鞍溪流垂青史

重庆主城区被铜锣山、中梁山、缙云山和明月山四座山所塑造,每年春秋两季都有猛禽迁徙途经此地。随着生态环境的不断改善,栖息或途经重庆的鸟类越来越多。据重庆观鸟会2024年发布的《重庆鸟类名录8.0》显示,重庆共有鸟类21目78科538种,约占全国鸟类种数的三分之一。相较于2018年发布的《重庆鸟类名录3.0》,新增60种鸟类,其中不少新记录来源于主城区,这些鸟类的新发现得益于观鸟活动、科学影像、自然笔记等公众科学形态的融入。最近几年的定点观察和监测证实,重庆是中国乃至亚洲地区猛禽迁徙的重要通道之一,观测到的猛禽达30余种,包括罕见的大型珍稀濒危猛禽,如褐冠鹃隼、短趾雕、靴隼雕、白腹隼雕等。

2013年5月5日,观鸟爱好者在缙云山一天之内发现有11种近3 000只猛禽向北飞过,由此拉开了重庆观鸟会对迁徙猛禽长期观测的序幕;2014年5月11日,缙云山管理局龙杰经过一天观测统计,共有69群猛禽过境,最多的一群有176只在下午2点左右出现,全天总数达2 248只。经过缙云山的猛禽主要是国家二级重点保护野生动物凤头蜂鹰,另有少量的黑冠鹃隼、雀鹰、日本松雀鹰、燕隼、红脚隼等。这样的"千猛日"每年5月在"主城四山"都有发生,而这些猛禽在北碚城区马鞍溪流域两岸的大学及中学校园也时常能观察到。

缙云山岩层由砂岩和泥页岩相间组合而成,上层为厚砂岩,下层为泥页岩,泥页岩积水,岩层越厚积水越多。在砂岩与泥页岩接触面,有接触水流出,我们正是在这些流水中发现了缘毛钩虾等重庆市物种新记录。煤洞中还有煤洞水,岩体在这些流水的长期作用下,以山脊线为分水岭。在缙云山的东南翼和西北翼上分布着众多平行排列的顺向河及冲沟,形成了缙云山的梳状水系。由于山体蓄水量较大,冲沟中多见常年性流水。东南翼的山泉在黑石坪东北面流入马鞍溪,黑石坪西南面的山泉流入龙凤溪,西北翼的山泉则悉数流入璧北河(运河),这三条溪河最终分别在碚石、何家嘴和澄江汇入嘉陵江。

马鞍溪全长约7.5千米,张自忠将军墓、重庆自然博物馆新馆、马鞍溪湿地公园、西南大学及附属中学、中央研究院动植物研究所暨中国科学社生物研究所旧址、中国西部科学院暨中国西部博物馆旧址、卢作孚纪念馆(文昌宫、峡防局旧址等)等历史文化和科教地标,错落地分布在小溪的两岸(图3-2、图3-3)。

北碚有着得天独厚的山水自然资源,生态环境宜人,森林覆盖率极高,被誉为"都市花园"。如今,北碚已跻身全国优秀旅游城市、国家园林城区、全国绿化模范城市、国家环境保护模范区、国家生态示范区、森林城市标准化示范区之列,并荣获全国首批国家可持续发展先进示范区等多项殊荣。

图3-2　勘察古建筑　　　　　　　　图3-3　考察生态环境

2018年3月10日,习近平总书记在参加十三届全国人大一次会议重庆代表团审议时指出,"希望重庆广大干部群众团结一致、沉心静气,加快建设内陆开放高地、山清水秀美丽之地,努力推动高质量发展、创造高品质生活,让重庆各项工作迈上新台阶"。

第3节

蛇类分类新探
——STEAM+统计方法的融合

王诗梦

一、课程背景

在古代，蛇为人类医药事业的发展作出了巨大贡献。经加工炮制，蛇被制成各种中成药，具有强身健骨、舒筋活血、清热解暑、提神益寿等功效，很受欢迎。现代科学技术的应用，进一步开拓了蛇在临床应用上的广阔前景，如活取蛇毒及其干制贮存技术、抗蛇毒血清的制备技术、从蛇毒中分离抗凝血酶类技术等，使传统的蛇类药材升级为现代高科技产品。现在，以蛇的器官、组织制成的药剂（可治疗风湿病、哮喘病、皮肤病、慢性炎症等）在国内外市场畅销。由于蛇组织具有强烈的生理活性，合理应用可显著提升疗效。

此外，蛇类独特的流线型体形，多样的运动方式和功能，以及分叉的舌、敏锐的锄鼻器和颊窝等感觉器官，在仿生学研究上具有极大的启示作用。著名的响尾蛇导弹、精密的热辐射仪，以及火车、拖船的分节联动装置，飞机、潜艇的线型设计等，都是从蛇的生理功能、构造和形态中汲取灵感。蛇类还是环境变化的敏感指示动物，如在地震预测上，与猫、鼠、狗、猫头鹰等二三十种动物比较，蛇能最早、最敏锐、最准确地作出异常反应。蛇类对气压变化也极为敏感，通过观察它们的活动变化能及时作出气象预报。现在，科学家正在研究将蛇类应用到环境监测和缉毒检验工作中。因此，对蛇类的研究具有重大的现实意义。

蛇类属于脊椎动物的一大类群，我们通常依据其形态特征对其进行分类，如全长、尾长、腹鳞、背鳞、颊鳞、唇鳞、尾下鳞等。

二、课程目标

1.通过系统学习,了解蛇分类的主要方法,掌握蛇分类使用的主要指标。

2.掌握基本统计方法。

(1)掌握平均数、标准差等基本统计量的内涵,学会描述和统计。

(2)通过聚类分析和差异分析,对给定的不同蛇类数据进行分类。

(3)学习判别分析方法,对于任意给定蛇的相关指标数据,能够判定其所属类别。

3.通过联想,思考蛇的相关仿生用途。

三、参与对象

本活动的参与对象主要为西南大学附属中学的学生,学校将组建学生研究小组并由西南大学附属中学的教师团队进行指导。

四、课程重难点

(一)课程重点

1.使学生掌握蛇的分类方法,了解蛇的分类指标,学会根据指标对蛇进行分类。

2.使学生掌握基本统计学知识,体会数学在实际生活中的应用价值。

3.使学生能够灵活运用学习的知识,让学生根据蛇的特性探究其仿生应用。

(二)课程难点

1.考虑到蛇的特殊性,学生可能在心理上难以接受该研究主题。

2.课程涉及聚类分析、判别分析等难度稍大的统计方法,学生学习难度偏大。

五、课程内容

1.蛇分类指标:全长、尾长、腹鳞、背鳞、颊鳞、唇鳞、尾下鳞等。

2.统计方法:描述统计、差异分析、聚类分析、判别分析等。

3.生物仿生应用。

六、课程实施

(一)活动准备

明确团队成员,积极参与,清晰掌握活动的主要内容和要求。可与重庆自然博物馆和西南大学的相关专家取得联系,安排科普知识讲座。按要求召开学生会议,并告知家长和行政班主任,取得项目研究各方的支持。

(二)知识建构

1.STEAM之S(科学)

准时参加课程、做好笔记、阅读老师推荐的书籍,了解蛇分类的相关文献和书籍,科普蛇分类的相关知识。

解决方案:

(1)利用研究性学习、社团活动、选修课等时间,教师自学或主动请教相关学者后,向学生传授蛇的形态特征(体形、体色及其成长过程中的变化等)、生态学特征(栖息地等)、生活史特征(全长、尾长、食性、繁殖方式、窝卵数等),以及人工养殖(养殖方式、场舍建造、饲料喂法、管理措施、繁殖技术、预防疾病等)的科学原理和知识。

(2)利用研究性学习、社团活动、选修课等时间,教授学生基本统计学的原理、方法、常用统计量等知识,使学生初步掌握描述统计、差异分析、聚类分析、判别分析等多种统计方法。

2.STEAM之T(技术)——科研技能的培养和推广

(1)体验科学研究流程

准时参加科普讲座,主动与专家进行互动,提出自己的疑问,为研究的开展做好准备;阅读文献,了解国内外研究现状;学习完整的科学研究流程和方法。

解决方案:举办专家科普讲座,邀请生物学、心理学、科技活动等领域的专家,指导学生学习科学研究方法。培养学生系统的科学研究思维,体验科学研究流程,提升科学研究素养,为同学们开展研究型学习奠定基础。

(2)担任"小小发明家"

引导学生依据蛇的运动特性进行仿生创造发明,并通过宣传仿生发明,激发学生积极思考,培养学生的创新精神和实践能力。

解决方案:要求学生提交一份关于蛇的仿生应用的作品,并将优秀作品选送到相应的创作赛事中参赛。

3. STEAM之E(工程)——根据不同种类蛇的特征制作蛇的多样性模型

通过对蛇的形态特征、生活史特征等相关科学知识的学习,自主制作蛇的多样性模型。该模型可用于公益售卖以便更多的人了解蛇类,也可用于进行蛇类科普知识的讲解等活动。

解决方案:用绳子作为基本模型,指导学生根据蛇的种类确定其长度(对应蛇全长)、蛇头的位置、蛇尾的位置等,教授学生制作模型的要点,再让学生使用更加完善的道具,考虑更多指标(如鳞片数),制作各类蛇的模型。

4. STEAM之A(艺术)——研究心得

鼓励学生以诗歌、散文、图画、书法等形式记录学习过程的心得体会,如画出不同种类的蛇,也可根据蛇的物种多样性进行版图制作、科普展板设计和横幅标语的设计与制作等,将心得体会汇编成篇或成册发表。

5. STEAM之M(数学)——运用统计方法解决实际问题

(1)描述统计:根据给定的蛇样本数据,计算其平均数、标准差等统计量,并阐释各统计量的含义。

(2)差异分析:对每种蛇各个指标的数据进行差异分析,找出相近的蛇种类。

(3)聚类分析:使用聚类分析将给定数据进行归类,并验证所分类的正确性。

(4)判别分析:掌握判别分析的方法,根据各个种类蛇的基本信息,对未知来源的蛇的数据进行类别判定。

七、评价标准与方式

本活动将对学生进行过程性和结果性双重评价。过程性评价包括出勤情况、活动表现、作业完成情况等;结果性评价将以研究报告为依据,学生比赛获奖、论文发表等均可以获得加分。对教师的评价主要依据的是教师指导情况、开展科研课题情况及论文发表情况。

八、教育作用

本活动面向中小学生，形式新颖，内容充满探索趣味，深受学生喜爱。通过探究重庆本土蛇的形态特征、生活史特征和生态学特征三个模块，旨在培养学生运用跨学科思维解决蛇的分类问题的能力，提升学生科学创新精神和科学实践能力；倡导人人参与保护物种多样性；目标在于使学生具备统计（数据分析）素养、生物学素养和跨学科素养等。

守护青山小林长
——缙云山巡护科学调查体验活动

张兵娟　廖祥贵

一、活动背景

嘉陵江畔的缙云山国家级自然保护区,作为重庆主城区的"绿肺"和天然屏障,曾一度面临当地居民私搭乱建、违规经营农家乐、"蚕食"林地等问题的困扰。2018年6月,习近平总书记对缙云山国家级自然保护区内的突出问题作出批示。随后,重庆市委、市政府积极响应,秉持"保护自然、保障民生"的方针,启动了缙云山国家级自然保护区生态环境综合整治行动,深入践行习近平总书记"绿水青山就是金山银山"的发展理念,助力"山水之城、美丽之地"——重庆的建设,动员广大市民参与生态环境保护。为引导和鼓励青少年积极参与山林巡护、自然讲解等志愿服务行动,带动更多人保护森林资源,特开展了本次"守护青山小林长——缙云山巡护科学调查体验活动"。

缙云山作为"主城四山"之一,既是亚热带常绿阔叶林植物基因库,也是重庆林长制工作重点区域之一。先后被授予"全国科普教育基地""全国中小学生环境教育基地""重庆市科普教育基地"等荣誉称号。西南大学附属中学坐落于缙云山脚下,经常组织学生到缙云山进行考察、调研、科学探究,积累了丰富的实践经验。本次缙云山巡护科学调查体验活动是一次寓教于乐的实践活动,涵盖地理学、生态学、气象学和统计学等多个学科领域,旨在帮助学生掌握科学调查与山林巡护的技能。在本次活动中,学生们除了记录缙云山生态系统的特点和现状外,还将针对缙云山的环境保护和可持续发展等问题尝试提出解决方案或缓解措施,协助北碚区政府制定环保政策和执行计划等。通过本次活动,期望学生能够树立环保与志愿服务意识,培养团结互助及沟通协调的合作精神,学习科学探究的知识与方法,提升实践能力。

二、活动目标及重点

（一）活动目标

1. 完成护林工作采访表和巡山护林记录表，提高观察与记录能力。
2. 跟随护林人员开展护林工作，同时进行采访和调研活动，提升实践能力。
3. 强化服务意识，培育社会责任感，提升团队精神和合作意识。

（二）活动重点

1. 采用多种科学调查手段，收集缙云山生态保护相关数据。
2. 实地考察缙云山的生态环境，并进行数据采集与处理。
3. 基于数据和文字素材，完成科研成果的产出，并进行成果展示与科技创新。

三、活动内容

本次活动主要包括活动筹备、实地探究、成果分享和活动评价四个部分。

（一）活动筹备

1. 开展基础调研与专家对接：调研缙云山的地理、气候、生物多样性及植被信息，并与相关部门及专家进行交流。
2. 组织学生参与并沟通意见：征集学生的参与意愿并确定名单，同时向参与者及家长介绍活动背景、安排等详情，并征询其意见。
3. 筹备物资并制定详细行程：准备调查工具、实验设备、安全装备与野外生活用品，规划时间、路线等具体行程，并告知参与者。

（二）实地探究

1. 组织行前技能培训：为学生提供动植物观察、土壤采样及酸碱度测量、数据记录等科学调查与巡护的基础培训。
2. 分组开展实地考察：按计划分组对缙云山进行实地调查，各组聚焦动物生态、植物鉴定、土壤采样和气象记录等不同领域，实践调查方法与技能。
3. 采集多维度环境数据：系统收集缙云山上的动植物分布、水质、土壤质量及气象变化等数据信息。

(三)成果分享

1.数据处理、解读与分析:学生使用统计软件分析实地收集的数据并制作图表,按负责领域解读数据,开展跨小组分享和讨论。

2.科学报告的撰写:学生独立撰写完整科学报告,包括背景、目的、方法、结果与结论,系统呈现调查和研究成果。

3.团队整合与成果深化:整合个体报告形成团队报告;活动结束后组织反思讨论;引入科技创新比赛,鼓励学生参与并产出视频、研究报告等多样化成果。

(四)活动评价

1.确立评估指标,包括活动前学生的基本情况调查、对学生科学报告的评估,以及团队合作程度的观察等。

2.整理和分析学生的报告和评估结果,全面评价活动的效果和学生的表现,并鼓励他们提出进一步优化活动的建议。

四、活动实施

(一)准备阶段

1.前期准备工作

(1)团队组建。将活动内容告知家长和班主任,以获得各方的支持。对参与活动的学生进行分组,并选拔出各组的大组长和小组长,以便高效地统计学生的活动情况。

(2)知识储备。提前向学生详细说明活动内容,备齐活动所需材料及访谈的问题,确保学生充分了解活动的具体安排和缙云山的概况,并掌握土壤专项检测的方法。

(3)拟定方案。根据活动内容,明确活动的步骤、形式、地点及所需设备等具体细节。收集相关资料,并与缙云山管理局和重庆市渝中区自然介公益发展中心进行联络,安排科普知识讲座。

(4)实地踩点。根据缙云山的地理特征、气候条件、生物多样性及植被分布等基本情况,选取适宜的巡护路线,提前进行实地踩点。

2.活动手册设计

(1)各方通过现场会议或微信交流群等方式，共同确定活动手册的大纲，明确活动流程和巡护路线，并精心打造活动项目。

(2)活动项目要形式丰富、实践性强，手册中涵盖当天需完成的项目以及后续待完成的项目，引导学生持续进行科学探究。

(3)介绍与活动主题密切相关的科技创新比赛及各类活动，鼓励参与者学习并运用科学探究方法，并撰写高质量的研究材料。

3.科学调查表的设计

(1)调查旨在让学生初步认识缙云山的常见动植物，深入了解它们的价值及生存现状。此外，还需了解护林工作的日常运作及其当前所面临的困难。

(2)调查主要采用的方法包括观察法、访谈法和实验法。

(3)在调查表前可选择性加入引导语，以帮助调查对象理解本次调查的目的、意义及要求。调查项目部分的设计应注意用语简洁、表述明确，避免出现逻辑混乱、诱导性及敏感性等问题(图3-4)。

守护青山小林长——缙云山巡护科学调查体验活动
护林工作采访表

学校		姓名	
采访时间		采访地点	
采访对象职务		采访对象姓名	
采访主题：了解护林的日常、遇到的困难，要有真情实感			
访谈问题1			
访谈问题2			
访谈问题3			

守护青山小林长——缙云山巡护科学调查体验活动
巡山护林记录表

天气	___	温度	___	湿度	___	土壤酸碱度	___

序号	学名	俗名	识别特征(至少有一项数据)	价值	致危因素
1					
2					
3					
4					
5					
6					
7					
8					
9					
10					
其他发现与收获					

图3-4 护林工作采访表和巡山护林记录表

本次活动中，护林工作采访表的表头设置了采访者信息、被访者信息以及时间、地点等内容，便于后期核查、填补和更正错误。而巡山护林记录表则需要填写观察日当天的天气、温度、湿度及土壤酸碱度等信息，方便后续验证；调查内容主要是记录观察的10种生物，以及其他发现与收获。

(二)实践探究阶段

1.观察法及常用工具

所谓观察法,即观察者对研究对象进行直接观察、测量或计数以获取资料的方法。针对植物,观察者可以就株高,冠幅,枝干的颜色、形态、习性,叶的叶序、叶形,花(果)的序、形、色、大小、花期/果成熟期、气味等进行观察。

观察一般依赖人的感觉器官,然而人的感觉器官存在一定的局限性,观察者往往需要借助各种现代化的设备。比如:智能手机中的识物APP,可以通过人工智能技术识别观察到的植物或动物;智能手机或照相机,用于拍摄并记录植物或动物,便于持续观察;智能手机或录音机,用于录制动物或环境的声音;放大镜,用于放大观察部位;直尺、卷尺等,用于测量植物株高等。

2.访谈法及常用工具

所谓访谈法,是以口头形式,根据被询问者的答复搜集客观的、不带偏见的事实材料,以准确地说明问题的一种方式。在本次活动中,同学们可以对护林员进行一对一的访谈,深入了解护林员的工作日常和他们面临的困难。

在进行访谈时,访谈员需要面对面与被访者进行交流,其间需要用纸和笔进行记录,但是,如果访谈员没有进行过专门的速记训练,往往无法快速完整地将谈话内容记录下来,事后追记和补记会遗漏很多信息。所以,访谈员在访谈前可征求被访者的同意,使用录音机、录音笔或摄像机等工具辅助记录,便于后续整理访谈内容。

3.实验法及常用工具

这里的实验法,特指按照土壤酸碱度测量法开展小实验进行研究的方法。

(1)采样方法

根据耕层厚度确定采样深度,一般采样深度为0~20厘米。每个采样点的取土深度及重量应保持一致,土样上层和下层的比例也要相同。采样器应垂直于地面,入土至规定的深度。采样器应使用不锈钢、木、竹或塑料器具,且土样在处理、储存等过程中不要接触其他金属器具和橡胶制品,以防污染。

每个土样都应用标签纸详细标注样品信息:名称、编号、采样地点及经纬度、采样深度、采样日期和采样人等。

(2)检测方法

测量土壤pH值一般不需要很高的精度,粗测可用pH试纸(pH值1~14)。

测定步骤如下：

①称土：称取风干土壤10克，置于100毫升烧杯中；

②浸提：用容量瓶量取50毫升蒸馏水，加入烧杯中；

③搅拌：用玻璃棒搅拌约1分钟，静置半小时左右，待其澄清；

④用洁净的玻璃棒蘸取少许待测液，滴在pH试纸上，然后与标准比色卡对照。

（三）创新阶段

活动结束后，教师应引导学生积极开展科创项目，激励学生探究自身感兴趣的问题，并深入思考其中蕴含的挑战。教师应为学生提供丰富多样的资源和典型案例，引导学生主动提出问题、开展深入调研，培育其探究精神，以充分激发其创造力和解决问题的能力。同时，教师应为学生提供必要的指导与支持，包括科学探究的方法论、科技创新的完整流程，以及实验条件和野外实践技巧等，鼓励学生从多学科视角审视问题，丰富项目内涵，提升创新性。

在指导学生开展科创项目的过程中，对于不同的类型，教师可灵活采用多种形式和方法，例如科技发明类可以采用和田十二法，科普记录类可以采用拍摄科学影像或绘制自然笔记等方式。

1.科技发明类

和田十二法，又称"和田创新法则"，是我国学者许立言、张福奎在"奥斯本稽核问题表"基础上，借鉴其基本原理，创造性地提出的一种思维技法。它既是对奥斯本稽核问题表法的继承，又是一种大胆的创新。具体方法如下：

(1)加一加：加高、加厚、加多、组合等。

(2)减一减：减轻、减少、省略等。

(3)扩一扩：放大、扩大、提高功效等。

(4)变一变：变形状、颜色、气味、音响、次序等。

(5)改一改：改掉缺点、不便、不足之处。

(6)缩一缩：压缩、缩小、微型化。

(7)联一联：探究原因和结果有何联系，把某些东西关联起来。

(8)学一学：模仿形状、结构、方法，学习先进经验。

(9)代一代：用其他材料代替，用其他方法代替。

(10)搬一搬：移作他用。

(11)反一反:能否颠倒一下。

(12)定一定:设定一个界限、标准,以提高工作效率。

教师可引导学生根据缙云山的实际情况进行创新发明,指导学生运用科学技术手段解决实际问题。按照这12个"一"的顺序依次核对和思考,期望学生能从中获得启发,激发其创造性。

2.科普记录类

科普记录类一般采用制作科普视频、撰写科普文章或制作自然笔记的方法。首先,确定主题。学生在巡护山林过程中,应积极挖掘并锁定自己感兴趣的主题;其次,进行素材的收集。学生可通过书籍、视频等方式广泛获取相关的科学知识和素材;再次,进行内容创作。学生可以选择合适的形式,将复杂的科学概念转化为易于理解和吸引人的形式进行内容创作,如制作科普视频、撰写科普文章或制作自然笔记等;最后,完成后的成果可在学校或社区进行宣讲,或者在科普平台和社交媒体等渠道进行发表。

为确保科普内容的准确性和有效性,学生应对自己创作的内容进行细致的查证和编辑,必要时还应邀请专家进行专业审查。

科普记录不仅让学生学会提出有趣的问题、使用简明的语言进行清晰的讲解等,还有助于培养他们的科学写作能力和科学表达能力。

3.科学调查类

科学调查主要涵盖三个环节:方案设计、数据收集与处理、数据解释及结论。首先,需要明确调查问题和设计调查方案,教师应引导学生明确调查目标和问题,确保所提问题兼具实际意义与科学价值;其次,教师应协助学生利用恰当的工具和方法开展调查并采集数据,随后运用适当的方法对数据进行处理。最后,应严格遵循科学规范进行数据分析和解释,并基于分析结果得出科学结论。

同样地,在完成上述工作后,教师可以指导学生进行展示与交流,通过撰写调查报告、制作海报、开展演讲等多种形式,详细阐述研究过程并展示调查成果。

总之,通过这次缙云山巡护科学体验活动,学生不但能够全面掌握科学调查与巡护的相关知识和技能,深入理解各种调查方法的应用场景及其适用性,还能熟练掌握实验工具的使用方法,并锻炼成果展示与交流的能力。这有助于他们在未来的学习和工作中取得更优异的成果,并有效提升其创新精神与实践能力。

第5节

行夏之时
——基于"笔记缙云山"的重庆城区四季划分

罗渠高

"春雨惊春清谷天,夏满芒夏暑相连,秋处露秋寒霜降,冬雪雪冬小大寒……"这是《新华字典》所附"节气表"(图3-5)中的《二十四节气歌》。然而,大多数人对其中的物候和气象变化等知识了解甚少。

春季	立春 2月3—5日交节	雨水 2月18—20日交节	惊蛰 3月5—7日交节
	春分 3月20—22日交节	清明 4月4—6日交节	谷雨 4月19—21日交节
夏季	立夏 5月5—7日交节	小满 5月20—22日交节	芒种 6月5—7日交节
	夏至 6月21—22日交节	小暑 7月6—8日交节	大暑 7月22—24日交节
秋季	立秋 8月7—9日交节	处暑 8月22—24日交节	白露 9月7—9日交节
	秋分 9月22—24日交节	寒露 10月8—9日交节	霜降 10月23—24日交节
冬季	立冬 11月7—8日交节	小雪 11月22—23日交节	大雪 12月6—8日交节
	冬至 12月21—23日交节	小寒 1月5—7日交节	大寒 1月20—21日交节

图3-5 节气表

2006年5月20日,"农历二十四节气"被列入中国第一批国家级非物质文化遗产名录;2016年11月30日,联合国教科文组织正式将"二十四节气——中国人通过观察太阳周年运动而形成的时间知识体系及其实践"列入人类非物质文化遗产代表作名录。二十四节气客观反映了季节更替和气候变化状况,是我国物候变化和时令顺序的重要标志。此外,二十四节气也是中国古代农业文明具体体现,不同节气在大自然中的反馈也迥异。

几千年来,二十四节气一直是深受重视的"农业气候历",也是传统历法体系重要的组成部分。这一时间认知体系在国际气象界被誉为"中国的第五大发明"。作为中国人特有的时间知识体系,该遗产项目深刻影响着人们的思维方式和行为准则,是中华民族文化认同的重要载体。它鲜明地体现了中国人尊重自然、顺应自然规律和适应可持续发展的理念,彰显了中国人对宇宙和自然界认知的独特性及其实践活动的丰富性,展现了人与自然和谐相处的智慧和创造力,也是人类文化多样性的生动见证。

我国著名气象学家、地理学家竺可桢在20世纪30年代的研究中指出,二十四节气的气候基准源于黄河流域中下游,已沿用2 000多年。然而,因年代久远,气候变迁,这一体系不仅不适用于全国,甚至连今日黄河中下游也不适用。该观点发表在《中国气象学会会刊》上,题为《论新月令》。他以自己在南京观测的9年物候记录为例,提倡应用科学方法观测物候,制定新历。在他的主持下,气象研究所于1931年4月将物候记录24个项目表分寄至国内各测候台站填报;1934年5月,该所又与中央农业实验所合作建立物候观测网,要求全国农情报告员按时报告。1935年3月,19个省的225个县的230人记录了24种草本植物的播种、移植、开花、成熟、收获期等5项,13种木本植物的发芽、叶盛、始花、盛花、果熟、落叶等6项,9种动物(燕、雁、黄莺、布谷鸟、蝗虫、青蛙、蝼蛄、蟋蟀、蝉)的始见或始鸣、绝见等情况。根据观测的物候规律,可制定各地区的自然历,预测农业情况,这是我国首次组织的较大规模的物候观测活动。

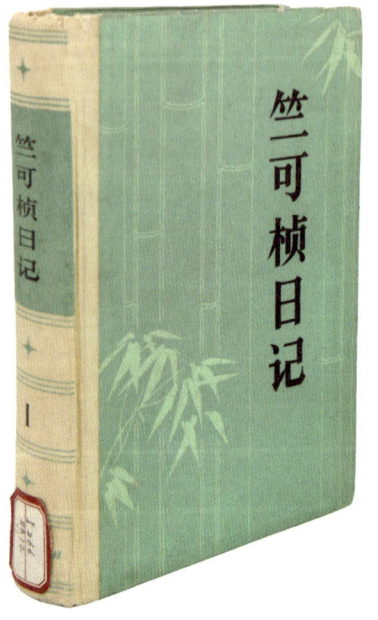

图3-6 《竺可桢日记》封面

竺可桢观察物候都在他的日记中留有详细的记录。他从1936年1月1日到他逝世的前一天（1974年2月6日），历经近38年，其中的内容除工作、生活外，主要记录天气阴晴、风力级别、气温高低，以及相应的物候现象。他的自然日记累积达40多本，近千万字（图3-6至图3-8）。在此基础上，他和宛敏渭共同撰写了广受赞誉的《物候学》（科学出版社，1973），为中国近代气象学和地理学的建立和发展作出了卓越贡献。

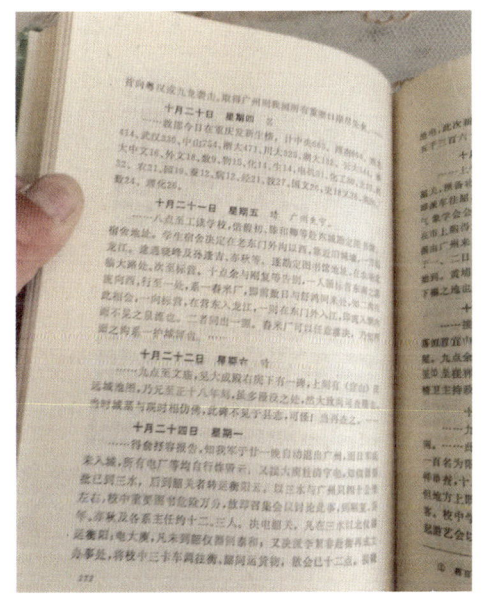

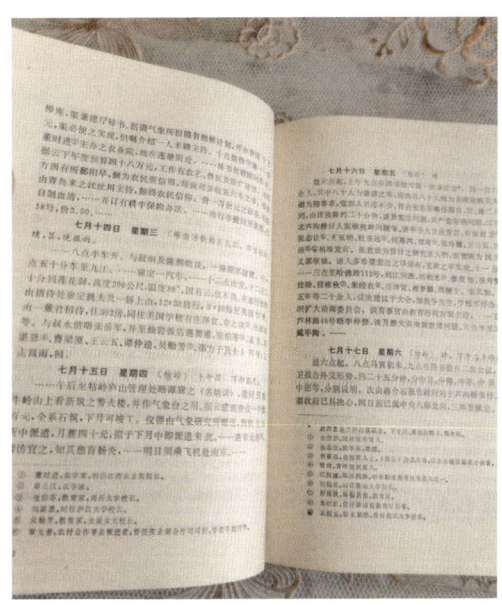

图3-7 《竺可桢日记》节选(1)　　　　图3-8 《竺可桢日记》节选(2)

1928年，竺可桢受命筹建中央研究院气象研究所并担任首任所长，培养了吕炯、胡焕庸、张宝堃等学者，开创了中国现代气象科学体系。

1934年，我国气候学家张宝堃结合物候现象与农业生产提出了新的分季标准——候温法。具体而言，连续5天滑动平均温度稳定降到10 ℃以下视为冬季开始，稳定升到22 ℃以上视为夏季开始；连续5天滑动平均温度从10 ℃以下稳定升到10 ℃以上视为春季开始，从22 ℃以上稳定降到22 ℃以下视为秋季开始。这一标准至今仍是气象业务的核心依据，并成为全球季风气候区的重要参考。《中国四季之分布》的发表，奠定了张宝堃在中国气候学界的地位。

2014年，在候温法确立80年后，中共重庆市委宣传部、重庆市林业局、中共重庆市委教育工委、重庆市教委、重庆市科委、重庆市环保局、共青团重庆市委、重庆市科协等联合发起首届重庆市梦想课堂·自然笔记大赛。同年5月10日，重庆缙云山国家级自然保护区管理局为进一步推动自然笔记大赛,吸引更多中小学生亲近大自然,观察记录大自然,举办了"笔记缙云山"活动,并在缙云山、北碚城区等地开展自然观测。

按照传统方法,四季是大致等分的,然而,按照候温法(连续5天滑动平均气温值大于22 ℃为夏季,低于10 ℃为冬季,介于两者间为春秋),并以重庆缙云山国家级自然保护区和北碚城区为主要监测区域进行的物候观测,笔者对重庆城区的四季进行了重新划分(图3-9)。按照候温法,重庆城区的夏季长达145天,春秋两季各80天,冬季仅60天。

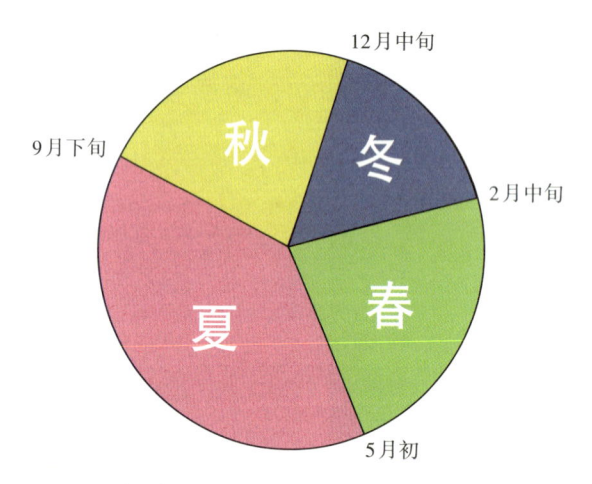

图3-9 按照候温法对重庆城区四季的重新划分情况图

按照普遍认知,二十四节气通常以"四立"(立春、立夏、立秋、立冬)为起点,将四个节气完整地纳入每个季节之中,但根据对重庆常年温度变化的分析,以及"笔记缙云山"的持续自然观察记录,发现这种划分并不能准确反映重庆城区四季的实际情况。根据研究结果,笔者提出设立"重庆年时四节"("夏节"为立夏,"秋节"为秋分,"冬节"为冬至,"春节"为立春)(表3-4),旨在提升公众科学素养,传承世界非物质文化遗产,营造全民参与自然观察、生态环保和科学研究的良好氛围。

表3-4 "笔记缙云山"在二十四节气的重点监测对象表

立夏 岩木瓜、蒲公英 蝼蛄、蚯蚓、瓜蒌	小满 峨眉草蜥	芒种 甘薯 峨山掌突蟾
夏至 黑眶蟾蜍 方花蛇	小暑 蛛蜂、白额巨蟹蛛	大暑 合江臭蛙 中华弧纹螳
立秋 西瓜 桑植腹链蛇、大琉璃食虫虻	处暑 石蒜 川虎钩虾	白露 枫杨、胡桃 陆生涡虫
秋分 秋分草 华庆锦斑蛾	寒露 平鳞钝头蛇、中国钝头蛇、福建钝头蛇 圆跳虫、长角跳虫、疣跳虫	霜降 钩盲蛇
立冬 蜉蝣	小雪 龙葵	大雪 木芙蓉
冬至 中华蟾蜍	小寒 川茶花 中华蟾蜍	大寒 雪
立春 石磨、石缸 可爱钩虾、缘毛钩虾	雨水 漆姑草 小雨	惊蛰 小菊头蝠
春分 野豌豆 黛湖、风	清明 鼠麴草、青团	谷雨 黄葛树 磴石

根据对缙云山物候及季节特点的分析，笔者提出以下三点个人建议：

1.根据候温法的研究发现，重庆城区的夏季最长（近5个月），冬季最短（仅2个月左右），春秋两季等长（约2.5个月）。

2.根据物候监测数据，本地春季始于立春第三候、夏季始于立夏第一候、秋季始于秋分第二候、冬季始于大雪第三候。为保持节气和季节呈现的完整性，并兼顾四季轮回的自然规律，笔者首次提出重庆城区节气表宜以立夏（夏季）作为起点。

3.为提升公众科学认知，传承非物质文化遗产（简称非遗），建议设立"重庆年时四节"：其中"夏节"为立夏，"秋节"为秋分，"冬节"为冬至，"春节"为立春。

第四章

荟萃交融
蝶变缙云

第1节

横看成岭侧成峰，远近高低各不同
——缙云山地貌观察

刘馨橘

一、设计思路

西南大学附属中学的"寄北"系列课程旨在开发缙云山独特的自然与人文资源，并以缙云山国家级自然保护区及其周边地区为背景，使学生深入理解乡土特色，向自然学习。

"岌岌九峰晴有雾，弥弥一水远无波。"缙云山属于川东隔档式褶皱带中的背斜山脉，嘉陵江横切而过形成温塘峡等幽深的峡谷，独特的山地形成过程塑造了其独特的地貌特征，而这些地貌特征又孕育了缙云山丰富多样的动植物资源。因此，探访缙云、了解缙云，可从其山地形成和独特地貌入手。

"缙云山地貌观察"课程由"缙云山的形成""山体部位识别""山地露营地的选择"三部分构成，是对课本知识的整合、升华、迁移和应用。课程设计关注不同学段学生的认知水平，遵循"理论联系实践"的原则，旨在帮助学生建立"大胆猜测、小心求证"的科学研究方法，培养学生的合作能力、观察能力和探究能力，推进学生在科学精神、实践创新和责任担当等方面的核心素养发展。

二、教学目标

1. 了解缙云山的形成原因及过程；
2. 利用等高线地形图或地形剖面图，识别山体部位；
3. 根据露营地的选址要求，在地图上确定合理的露营地位置。

三、教学过程

(一)缙云山的知识

1.设计意图

(1)通过小组合作的方式进行活动,旨在培养学生的团队协作能力。本次分组将贯穿课程的理论学习和实践活动两个部分。

(2)有奖竞猜环节既作为开场活动,激发学生的热情,又将所得奖品用于实践课程中的定向越野环节,作为寻找线索的辅助工具。

2.教师活动

【分组】将全体成员进行分组,每组由4~5人组成,遵循男女混合以及高低年级搭配的原则,以确保分组的公平性。

【有奖竞猜】

问题1:古代缙云山的别称是什么?

问题2:请背诵一首与缙云山相关的诗句。

问题3:缙云山共有多少座山峰?请列举至少三座山峰的名称。

问题4:缙云山的植被主要属于哪种类型?

问题5:请列举至少三种在缙云山发现的模式动植物。

问题6:请描述三种前往缙云山自然保护区的交通方式。

3.学生活动

【就座】在自行选择和教师协调的基础上,以小组为单位就座,在组内进行自我介绍,并推选出一名组长。

【有奖竞猜】

以小组为单位开展知识竞猜活动,每答对一题的小组将获得照片奖励。

问题1的答案是:巴山。

问题2的答案是:"君问归期未有期,巴山夜雨涨秋池"等。

问题3的答案是:9座。具体包括朝日峰、香炉峰、狮子峰、聚云峰、猿啸峰、莲花峰、宝塔峰、玉尖峰、夕照峰。

问题4的答案是:常绿阔叶林。

问题5的答案是:缙云四照花、缙云槭、缙云冬青等植物。

问题6的答案是：索道、公交车、自驾车等交通方式。

(二)缙云山的形成

1.设计意图

(1)首先,提出问题,激发同学们的发散思维,鼓励他们大胆地进行猜想;接着,提供一些线索,帮助他们缩小猜想的范围;最终,通过分析岩层的相对年代关系,揭示其形成的原因。通过这一系列步骤,我们旨在建立一种"大胆猜想、小心求证"的科学研究方法。

(2)通过模拟演示和动画演示的方式,将抽象的概念具体化,这有助于学生更直观地理解相关知识。

2.教师活动

【提问】缙云山的最高峰海拔达到952.5米,那么,缙云山是如何形成的呢?

【提示信息】

图4-1 川东褶皱带卫星影像图

【补充讲解】

缙云山国家级自然保护区位于川东平行岭谷区,属于川东隔档式褶皱带(图4-1),褶皱带形成于两千多万年前的"喜马拉雅运动"。该褶皱带由三个背斜和两个向斜组成,从西北至东南依次为牛鼻峡背斜、温塘峡背斜以及观音峡-中梁山背斜。背斜之间分布着宽阔且平缓的澄江向斜和北碚向斜谷地。

图4-2 嘉陵江流域鸟瞰图(重庆市北碚区)

【提问】哪条河流贯穿了缙云山？河流切割山脉会形成何种地形特征？

【动画演示】"V"形河谷的形成过程。

【总结】地貌的形成往往是内力与外力共同作用的结果。地壳运动导致岩层挤压，形成背斜与向斜相间分布的山地和谷地，而河流侵蚀则切穿山脉，形成地狭水深的"V"形河谷(图4-2)。高耸的山脉与幽深的峡谷共同塑造了缙云山独特的自然地理环境，孕育了丰富而独特的生物多样性。

3.学生活动

【猜测】

(1)地壳的抬升作用导致断块山的形成；

(2)岩浆的喷发活动造就了火山的出现；

(3)地壳受到挤压发生弯曲变形、褶皱隆起，进而形成褶皱山。

【据图推测】

通过遥感图像观察，我们可以看到山地与谷地交错分布，这极有可能是由于岩层受到挤压作用形成的。岩层向上拱起形成了背斜山，例如云雾山、缙云山、中梁山等；而岩层向下弯曲则形成了向斜谷，如澄江向斜谷、北碚向斜谷等(图4-3)。

【模拟演示】

通过弯曲书本等方法，可以模拟演示"向斜成谷、背斜成山"的地质现象。

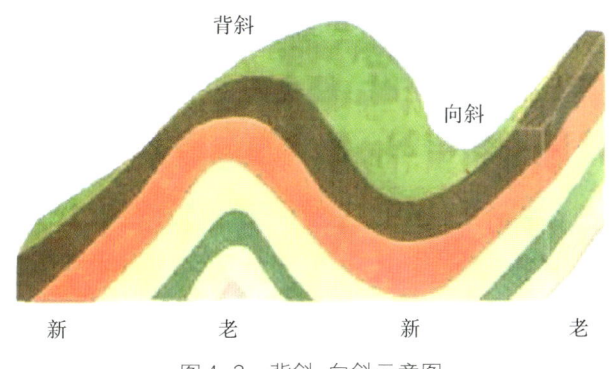

图 4-3　背斜、向斜示意图

【观察回答】

贯穿缙云山山脉的江是长江的一级支流——嘉陵江。缙云山山脉的隆起增加了河流的落差，从而加速了河流的流速，增强了河流的下切能力，形成了深邃的"V"形河谷。

（三）山地部位的识别

1.设计意图

（1）"绘制缙云山肖像画"任务旨在实现以下目标：①评估学生对缙云山地形的初步感知；②鉴于地形图存在多种表达方式，学生可自由选择一种进行绘制，并在班级内进行交流；③精选出的优秀作品将被用作缙云山的形象宣传材料。

（2）在"地形部位识别"环节中，小学和中学学段将分别使用实物地形图和地形剖面图进行识别活动，以适应不同年龄段学生的认知能力和知识背景。

2.教师活动

【提出任务】请绘制一幅缙云山的肖像画，以展现其独特的地形特征。

【探索】在你绘制的地图上，能识别出哪些山体部位？请列举这些地形部位的名称及其地形特征。

【描述】请描述实物地形图中①~⑥各山体地形部位的名称（图4-4）。

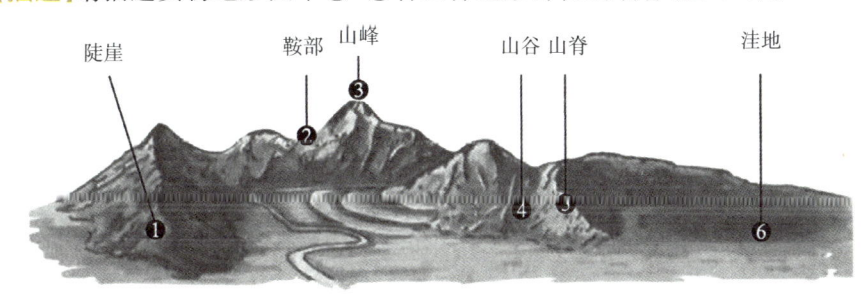

图 4-4　实物地形图

（中学学段学生可尝试学习以下内容）

【描述】描述等高线地形图中①~⑥各山体地形部位的名称(图4-5)。

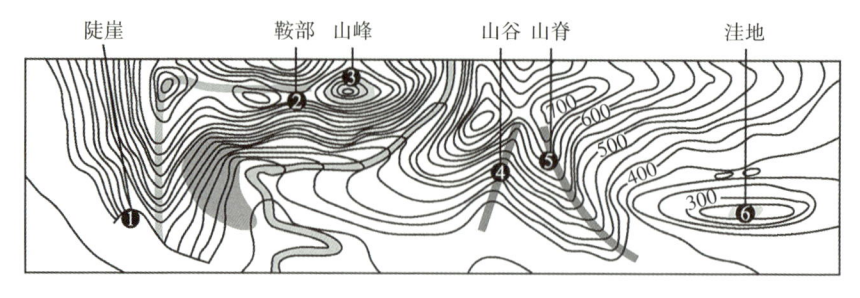

图4-5 等高线地形图

【实践操作】将手握成拳头,观察手背如何模拟不同的地形特征(图4-6)。

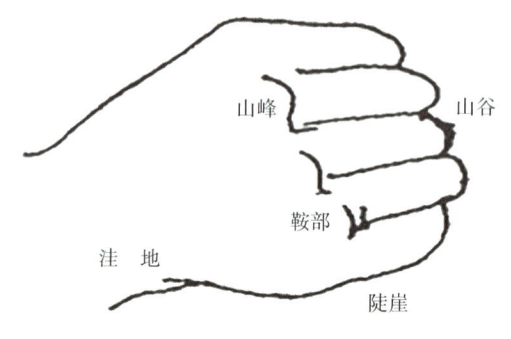

图4-6 手背模拟地形特征

3.学生活动

【绘画】学生的绘画作品可能呈现以下几种形式:

(1)地形剖面图;

(2)等高线地形图;

(3)实物地形图;

(4)符号设计图;

(5)分层设色地形图。

【探索】寻找山峰、山谷、山脊、鞍部、陡崖等不同的地形特征(表4-1)。

【说一说】

表4-1 各种地形的特征表

地形	等高线特征	地形特征	说明
①陡崖	多条等高线会合重叠在一处	坡度极陡的崖壁	常有落石或崩塌
②鞍部	两侧的山脊、山谷等高线近似对称	相邻两个山顶之间,呈马鞍形	鞍部是山谷线最高处、山脊线最低处

续表

地形	等高线特征	地形特征	说明
③山峰	闭合曲线,外低内高	四周低、中部高	示坡线画在等高线外侧,坡度向外侧降低
④山谷	等高线的弯曲部分向高处凸出	从山顶到山麓低凹部分	山谷线也叫集水线
⑤山脊	等高线的弯曲部分向低处凸出	从山顶到山麓凸起部分	山脊线也叫分水线
⑥洼地	闭合曲线,外高内低	四周高、中部低	示坡线画在等高线内侧,坡度向内侧降低

(中学学段学生可尝试学习以下内容)

【做一做】在手背上绘制等高线图,并识别地形特征(图4-7)。

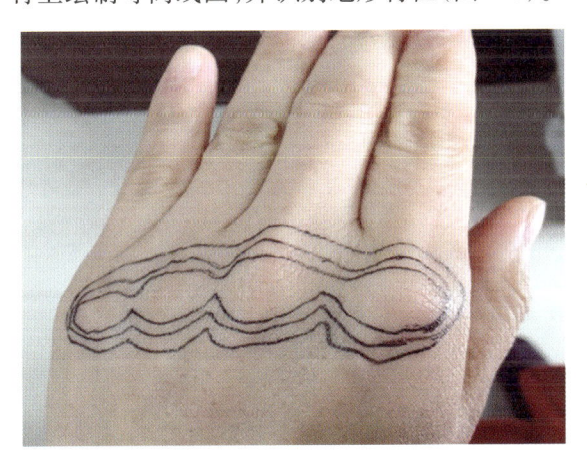

图4-7 在手背上画等高线示意图

(四)山地露营地的选择

1.设计意图

鉴于学生们对露营活动表现出浓厚的兴趣,我们特设计了一项情景模拟任务,旨在通过模拟选择露营地点和确定露营需要携带的装备,为接下来的露营课程打下良好的基础。

2.教师活动

【情景模拟】假设我们计划在缙云山上露营一宿,那么,选择露营地时需要考虑哪些因素呢?

【读图分析】下图(图4-8)哪个地点最适合我们露营时安营扎寨？请说明理由。

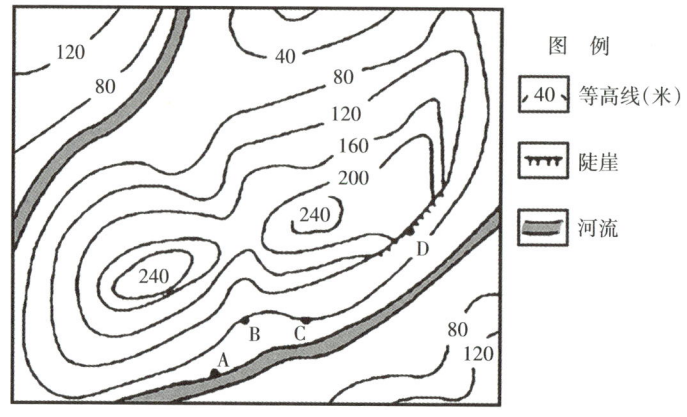

图4-8 某地等高线地形图

【情景模拟】为了确保我们今晚能在此顺利过夜,需要携带哪些物品？

3.学生活动

【思考回答】

1.地形宜平坦开阔；

2.靠近河流,便于取水；

3.避免河谷、河边地带,以防暴雨引发的山洪带来伤害；

4.远离陡崖,防止崩塌和落石带来的伤害。

【读图分析】选择地点C。首先,C点远离陡崖,降低了落石和崩塌带来伤害的风险；其次,C点避开山谷,降低了泥石流和洪涝灾害带来伤害的可能性；最后,C点的地形平坦开阔,且靠近河流,便于取水。

图4-9 露营地

【思考回答】

在山地的夜晚,气温往往较低,因此建议携带保暖的衣物、睡袋和帐篷等装备(图4-9)。同时,为了准备餐饮,应备齐锅具和火柴等必需品。此外,为了防止蚊虫干扰,驱蚊液和蚊香等驱蚊用品也是必不可少的。

第2节

别有"洞天"
——海螺洞探秘

裴敏洁　李九彬

海螺洞位于聚云峰右侧山崖的岩石上,洞的口径1.8米,深约3米,形似海螺。以前,每当山风吹入,洞穴便会发出呼呼的声音,故得名"海螺洞"。然而,后有好事者将洞中凸石打掉,破坏了自然形成的空气振动发音的条件,螺声自此消失,现空留其名。洞上方所刻"海螺洞"三字,系1998年西南师范大学邓福林先生题写,工匠赵忠益所刻。

一、海螺洞发声的秘密

海螺洞得名于其能发出海螺声,为什么山风吹入洞中就会发出声音呢?这背后是空气振动的原理。

(一)声音的产生

声音源自空气中压力变化引起的振动。具体而言,声音的产生是由某个物体或物质振动,进而产生机械波所致。那么人是如何听到声音的呢?我们以鼓声为例来进行说明。当我们敲鼓的时候,鼓面就会产生振动。鼓面的振动带动鼓面周围的空气不断起伏形成了空气的波动。空气的波动传入我们的耳朵中,便成为我们听到的声音。这种空气的波动,我们称之为"声波"。由声源产生的振动不断地使周围的空气形成波动,这种波动在常温中会以每秒约340米的速度扩散,其原理类似于向平静的水面投入石块所形成的水波纹。声音可以通过固体、液体、气体等媒介进行传播,但无法在真空中传播。

(二)声音传播的速度

常温下,声波在空气中的传播速度约为340米/秒。在不同的介质中,声音的传播速度是不一样的。声音在空气中的传播速度因温度的不同也有所差异,用 T 表示摄氏温度, v 表示音速。可以用以下公式计算出在当时环境下声音传播的速度:

$$v=331+0.6T$$

那么,你能试着解释海螺洞发声的奥秘吗?推测一下被打掉的洞中凸石大致在什么位置?

二、海螺洞形成的原因

海螺洞是怎么形成的呢?你还知道有哪些类型的洞穴呢?它们是大自然的鬼斧神工,还是人类巧夺天工的杰作?我们首先需要了解世界上都有哪些洞穴。我们在野外遇到的洞穴既有水平洞,也有垂直洞;既有干洞,也有水洞。一个复杂的洞穴系统通常包含多种类型,并且具有一定的深度、长度和坡度。我们还可以根据洞穴是否自然形成,将其分为人工洞穴和天然洞穴。

(一)虽由人作,宛自天开——人工洞穴

1.泄洪口

在美国加州的伯耶萨湖,有一个吞噬着湖水的大洞,磅礴的水瀑沿壁而下,景象甚为壮观。它其实是蒙蒂塞洛水坝的环形泄洪口,满溢的湖水流入洞中,沿下方管道从大坝底部排出,展现了水利工程师的匠心独运。

2.气坑

在土库曼斯坦的荒原上,有一个终日燃烧的橘红色大洞,面目狰狞,被称作"地狱之门"(图4-10)。当年天然气田在开采过程中发生塌陷,形成了一个坑洞,为避免有毒气体溢出,政府决定将气坑点燃,不料气坑竟一直燃烧至今,成为了野营和旅游的热门地点。

图4-10 土库曼斯坦气坑

3.矿坑

在利益驱动下,暗无天日的挖矿工作也能成为一项诱人的工作。南非金伯利钻石矿坑,挖掘深度达1 097米,是世界上最大的人工挖掘的矿坑(图4-11),不过在1914年宣告关闭。该矿坑前前后后一共挖掘出接近3吨的钻石,南非政府曾尝试将它申报为世界文化遗产。尽管许多人并不知道该矿坑,但那句"钻石恒久远,一颗永流传"的经典广告语却广为人知,最初使用这句广告语的戴比尔斯公司总部就在金伯利。

图4-11 南非金伯利钻石矿坑

4.防空洞

重庆作为战时陪都,在日本数年惨绝人寰的轰炸下,民众自发修建了大量地下工事,这些用原始工具、简陋土法打造的洞穴,成为那段艰苦岁月中人民的庇护所。当年的防空洞(图4-12),如今已转变为纳凉点、食肆、轻轨站等,正悄然融入市民的日常生活。

图 4-12　防空洞

5.灌溉井渠

坎儿井(图4-13)是一种古老而独特的灌溉井渠,坎儿井也是新疆地区杰出的古代工程。其建造过程首先是在地面由高至低打下竖井,将地下水汇聚,并在井底修通暗渠,将地下水引到目的地。这大幅减少了水分蒸发,并且水体也不易被污染,直到现在,坎儿井仍发挥着重要的作用。

图 4-13　坎儿井

(二)鬼斧神工,别有洞天——天然洞穴

大自然同样钟爱镂空艺术,它在不同的基底上精雕细琢,创造出形态各异的洞穴,展现出其神奇的创造力。

1.冰川洞穴

在冻土区的洞穴内,地表水注入后冻结形成的冰体,被称为洞穴冰(图4-14)。这属于地下冰的一种。著名的冰川洞穴有俄罗斯堪察加半岛的冰洞穴和冰岛瓦特纳冰川洞穴等。

图4-14　冰川洞穴

2.熔岩管

熔岩管(图4-15)是地表下熔岩流动的天然通道。当火山喷发时,熔岩流的表面在接触空气或地面后会迅速冷却并硬化,固结为一定厚度的外壳。当上游熔岩停止流动或转向时,熔岩管道中的熔岩继续向下流动,从而形成排空的熔岩隧洞。

图4-15　熔岩管

3.海蚀洞

海蚀洞(图4-16)常见于海崖上岩石裂缝发育的区域,因受海浪持续不断地冲击,岩石逐渐碎落形成空洞。这种空洞是机械侵蚀的产物,与通过化学溶解形成的许多内陆溶洞存在显著的差异。

图4-16 海蚀洞

4.风蚀洞

土耳其中部的卡帕多西亚是一座典型的石窟城市,这里的山体主要由火山灰凝结而成的松散岩石构成。这些岩石一旦出现孔隙,就容易被风沙侵蚀并逐渐扩大变成一个个或圆或方的山洞。后人以这些天然洞穴为基础开凿石屋,从而塑造了此地多孔的城市面貌。

5.岩溶洞穴

在众多天然洞穴中,分布最广、景观最丰富的是岩溶洞穴(图4-17)。石灰岩中的不溶性碳酸钙在水和二氧化碳的作用下,会发生化学反应生成可溶的碳酸氢钙。随着时间的推移,岩层就这样被地下水逐渐溶解形成了溶洞。当地下溶洞顶部发生塌陷后,会形成容积巨大,岩壁陡峭而封闭的天坑。其底部通常有过境的地下河道,沿河道前进,便能寻找到溶洞的踪迹。

图 4-17　岩溶洞穴

三、海螺洞岩石的特点

海螺洞（图4-18）究竟是怎么形成的呢？它属于哪一种洞穴类型？从外观上，你能识别出来吗？如果不行，我们不妨进洞一探究竟！

沿着台阶走进海螺洞，不妨先伸出手触摸洞壁，这时候你会感受到"沙沙"的触感，颗粒感分明。这种岩石是什么类型呢？环顾四周，你在洞壁上还看到了什么？洞壁上岩石的纹理是否有人工开凿的痕迹？

图 4-18　海螺洞

(一)海螺洞岩石特征

岩石是在各种地质作用下,按照特定方式结合而成的矿物集合体,它是构成地壳及地幔的主要物质。

海螺洞壁岩石为黄色砂岩,是由砂土固结而成的岩石,属于沉积岩的一种。不同砂岩的砂粒粗细、颜色及胶结物质不同。地质学上所讲的三大类岩石,除了沉积岩外,还包括岩浆岩和变质岩。你知道地球上哪类岩石最多吗?岩浆岩和变质岩的体积约占地壳体积的95%,沉积岩的体积约占5%。沉积岩的出露面积却约占地球岩石表面积的75%,岩浆岩和变质岩则共约占25%。

那么,海螺洞的黄色砂岩有什么特征?它有哪些不同于其他岩石类型的指标特点?首先,我们可以用手指或者小刀来测试它的硬度。其次,可以观察其颗粒的大小和粗细状况。

(二)海螺洞岩石风化

进入洞内,往洞的末端望去,你会发现两块巨石之间存在着较大的"空隙"。在地质学上,这种结构被称为"节理",它对岩石的风化作用影响很大。同时,这里也是水溶液、气体和生物活动的通道和场所,进一步促进了风化作用。在海螺洞外,我们还可以观察到风化球体由表层到内部的岩石层层剥落的现象,这一过程被称为页状剥离。

三、海螺洞测绘

(一)洞内测绘

我们该怎么描述海螺洞呢?通常,以下几个指标被用来对一个洞穴进行测绘:洞穴延伸方位、洞口直径、洞深等。除此之外,我们还可以对比观测洞内洞外的温度、湿度、风速等指标。

根据测量数据,我们通常需要绘制洞穴图。首先,需要将测量所得数据进行整理,例如记录表格中的长度读数,因为这是一个累计读数,所以需先求出两测点间的实际长度,再按倾角换算成两测点间的水平距离。其次,根据每个测点的方位、倾角与测点间的水平距离绘制测点间的连线,即可获得洞穴通道在平面上的展布。再次,按照测量中以适当间隔所测的宽度,将宽度测点标在测线两侧,并沿测线做宽度测点的连线，洞穴的平面形状即可绘出。最后，再用规定的图例将水潭以及重要的洞穴沉积标在相应的位置，一幅洞穴平面图就基本完成了。(图4-19)

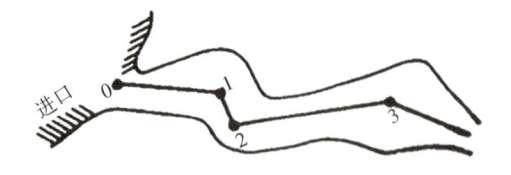

图4-19　洞穴平面图绘制方法示意

(二)滴水观测

进入海螺洞后触碰洞壁时，你会有潮湿的感觉，偶尔还会有水滴滴下。洞穴滴水与海螺洞的形成有没有关系呢？为何海螺洞内有时积水较多，有时积水很少？

我们可以通过科学观测来验证猜想。首先，以缙云山海螺洞为研究区域；其次，结合滴水特征及水文地质特征，选取洞内3个滴水点作为研究对象；最后，进行一个水文年的连续观测，并在洞外设置自动记录仪器以记录降雨量。

第3节

户外定向
——开启方向辨别与实践之旅

张海月

一、教学目标

通过本节课的学习,使学生初步了解户外定向的方法,提高方向辨别能力,提升实践能力。

二、认知目标

通过本节课的学习,可以使学生初步了解方向的识别方法及户外定向的途径,培养学生的观察力和判断力,为户外定向提供理论基础。

三、情感态度与价值观

感受大自然的魅力,体会生活处处蕴含学问。

四、教学过程

(一)学会识别地图

1.设计意图

认识方向的重要性,理解辨别方向的实用价值。

2.师生活动

(1)在日常生活中,我们会接触到各式各样的地图,例如:导航时使用的交通线路图、旅游时参考的景点分布图、寻找美食的美食地图,以及中学地理教学中使用的地形图和人口分布图等。

（2）地图是地理学的专属语言，它既能展现宏观的全貌，也能描绘微观的细节。在一张小小的地图中，蕴藏着广阔的世界。地图不仅是地理学习中不可或缺的工具，也是获取地理知识的关键来源。掌握阅读地图的技能，是现代公民应具备的基本素养。

（3）那么，如何正确解读地图呢？关键在于学会辨识方向。

(二)学会辨别方向

1.设计意图

借助古人的智慧，让学生更深刻地理解方向的辨识。

2.师生活动

【师】同学们，你们知道方向是如何确定的吗？

【生】（略）

【师】在古代，由于缺乏指南针和导航技术，人们只能依靠观察自然界中的地理现象来确定方向。同学们，你们能说出哪些自然特征可以帮助我们辨识方向吗？

【生】通过观察太阳和星星。

【师】没错，古人注意到太阳总是从一个固定的方向升起，并在另一个固定的方向落下。因此，他们将太阳升起的方位定义为东方，将太阳落下的方位定义为西方。同时，人们还发现，日影的方向总是与太阳的位置相反，这也可以作为判断方向的一个依据，从而发明了日晷（图4-20）。

图4-20　日晷

【师】实际上,如果同学们细心观察,会注意到日出和日落的方位在不同季节确实会发生一定的变化(图4-21)。以重庆为例,夏至这一天,太阳从东北方升起,在西北方落下;到了冬至,太阳则从东南方升起,在西南方落下。

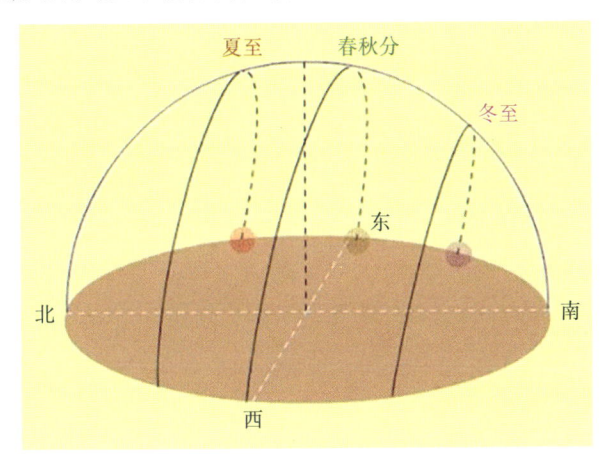

图4-21 节气太阳高度与方位演示图

【师】有什么物体的位置是永恒不变的吗?

【生】北极星。

【师】的确,人们发现,在地球北极的正上方,有一颗星星的位置几乎恒定不变,可以用来辨识方向。因此,人们将其命名为"北极星",也称为"北辰"或"紫微星"。北极星所在之处,便是正北方。

【师】你们知道如何定位北极星吗?

【生】首先寻找北斗七星,然后利用北斗七星来确定北极星的位置。北斗七星是大熊星座的一部分,从形状上看,它们像一个勺子。通过"勺柄"的两颗星(天枢和天璇)连线,并将这条线朝"勺口"方向延伸大约五倍的距离,便能找到北极星(图4-22)。

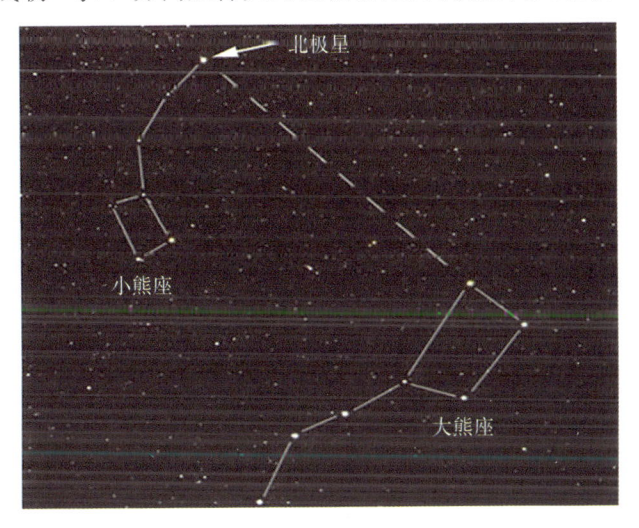

图4-22 大熊座、小熊座与北极星之间的关系示意图

（三）户外识别方向的方法

1.设计意图

让学生掌握在户外识别方向的方法。

2.师生活动

【师】讲得非常到位。同学们是否了解，实际上北极星的位置并非一成不变。受地球自转的影响，北极星尽管位于天球旋转轴的极点附近，相对于其他恒星看似静止不动。然而，北极星并非精确地位于北天极的正中心，它实际上以极其缓慢的速度在进行微小的圆周运动，只是这种运动相对于其他恒星而言几乎不可察觉。

【师】因此，古人便确立了东、南、西、北四个基本方向。

【师】在古代，方向对人们至关重要，因此对方位的讲究也颇多，在中国传统文化中这一点表现得尤为突出。有谁知道这方面的知识吗？

【生】在房屋建筑中，讲究的是"坐北朝南"的原则，特别是皇家宫殿、坛庙等重要的典章建筑，更是强调以南为尊——坐北朝南。因此，尊贵的客人总是被安排向南而坐。

【师】当然，这与中国所处的地理位置和气候条件密切相关。我国位于北半球，太阳主要从南方照射，对人们的生产和生活产生了深远的影响。朝南而居，面向南方，意味着能够享受到阳光和温暖；而朝北或面向北方，则意味着相对阴湿和凉爽。因此，在东、西、南、北四个方向中，向南的方向被认为是最为尊贵的。对于人们来说，这里冬暖夏凉，非常适合居住，正是古人所称的"风水宝地"；对于植物而言，南坡阳光充足，降水丰富，非常适合耕种，因此庄稼的长势通常比北坡要好得多。

【生】因此，在森林中，树木的北侧由于背光而显得较为阴暗潮湿。通常，长有青苔的一面是北面，而其相对的一面则是南面。

【师】确实如此，青苔属于水生苔藓植物，它们偏爱阴凉和湿润的环境，因此在湿地、墙壁、井中、屋瓦以及水中等潮湿的地方经常可以见到它们的身影。

【师】同样地，树木朝南的一侧通常会比朝北的一侧生长得更为茂盛。

【生】明白了，那么树木朝北的一侧相比南侧会显得较为稀疏。

【师】这个观点是有一定道理的，但在重庆，树木的这一生长特征并不十分明显。

【师】众所周知，通过观察树木的年轮（图4-23）可以判断其年龄，但树木的年轮同样可以用来辨识方向。年轮判断方向的原理主要基于树木的向光性。同学们，你们知道如何通过年轮来判断方向吗？

【生】朝南一侧的年轮通常较为稀疏,而朝北一侧的年轮则相对密集。因为在北半球,树木在生长过程中会自然地向阳光充足的南面倾斜。

【师】由于树木具有向阳性,它们在南偏东的方向上细胞分裂更为迅速,这也意味着从树木横截面观察,南偏东方向的年轮分布相对更宽,而北偏西方向的年轮分布则显得较为狭窄。大家在观察时可以仔细注意这一点,因为年轮的形状绝不会是完美的圆形。

图 4-23 树的年轮图

【师】处处留心皆学问,实际上,自然界中存在着许多可以指示方向的物体。同学们可以在课后自行查找资料,并相互交流讨论。在利用自然特征来辨别方向时,重要的是不能仅依赖单一的自然特征来确定方向,务必结合多种特征综合判断,以避免出现判断失误。

(四)读地图、识方向

1.设计意图

掌握读图、识图、绘图技巧,为户外活动课程打下坚实基础。

2.师生活动

【师】现代人已经绘制出各种各样的地图,有了这些地图,辨识方向变得更为便捷。那么,当我们拿到一张地图时,应该如何判断方向呢?

不同类型的地图,其方向识别的方法也各有差异。接下来,我将向大家介绍几种常见的地图方向识别方法:

(1)普通地图。普通地图上没有明确标注方向的符号或文字时,我们应遵循基本的方向识别原则:"上北下南,左西右东"。基于这一原则,我们进一步确定"东北、西北、东南、西南"等方向。这样,我们就能确定地图上任意两点之间的相对方向。

(2)带有方向指示的地图。在这类地图上,通常会标注方向指示符号(图4-24),以辅助识别主要方向。借助这些符号的箭头指向,我们可以确定主要方向,进而推断出其他方向。

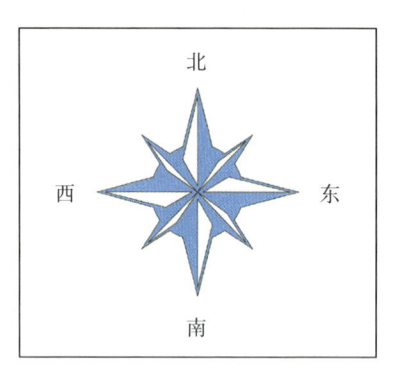

图4-24 地理方向指示符号

(3)经纬网地图(图4-25)。利用经纬线来确定方向是一种极为精确的方法。其基本原理是:经线指示南北方向,纬线指示东西方向。值得注意的是,在按照经纬度进行定向时,地球的最北端位于北极,最南端位于南极。然而,地球并没有明确的最东端和最西端。为了判断东西方向,我们需要找到两点之间经度差小于180°的劣弧段,然后依据地球自转的方向来确定东西方位。

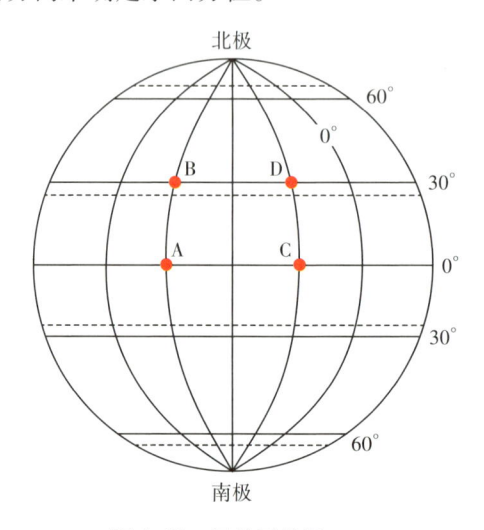

图4-25 经纬网地图

第4节

八角井探秘
——从传统感知到科学探测

黄 余

长久以来，八角井一直是缙云寺及其周边居民的主要水源，井水清澈且口感甘甜。如今，八角井已演变成一处观赏性景观，人们不再取用井水饮用。那么，八角井的水质现状如何？我们又该如何准确掌握其水质状况呢？仅仅通过肉眼观察、用手触摸或亲口尝试，这些方法科学吗？是否存在更科学、更有效的方法，以便我们更清晰地了解八角井的水质状况？实际上，水质检测是了解水质状况的常用手段，后面，我们将学习几个与水质相关的常见指标。

一、井之名

1.设计意图

实景图片含有丰富信息，能够激发学生的积极性，提升他们的参与度。

2.教师活动

展示一张关于八角井的景观图片（图4-26），介绍八角井所处的位置等基本概况，引导学生探究八角井名称的由来。

3.学生活动

观察图片，引导学生大胆推测井的命名可能源自何处，并阐述理由。

图4-26 八角井

二、井之水

1.设计意图

培养学生的科学认知思维,要从掌握基础知识和基本技能开始,逐步深入到实践过程中,以加深对知识和技能的理解及应用。

2.教师活动

介绍一些关键水质指标的定义,阐述其作用,并描述其特征。

(1)pH值(氢离子浓度指数)

pH值是衡量水体酸碱度的指标,是水体理化性质的重要参数。在工业、农业、医学、环保等多个领域,pH值的测量都是必不可少的。

在标准温度25 ℃下,pH值小于7表示溶液呈酸性;pH值大于7则表示溶液呈碱性;pH值等于7时,溶液呈中性。

(2)水体透明度

水体透明度是评估水质的一个关键指标。水本身是无色透明的,然而,当水体中含有泥沙、微生物等不溶性固态物质时,其透明度会降低。透明度的改变不仅影响水体的物理特性,还可能对水生生物产生影响。

(3)电导率

电导率是衡量溶液传导电流能力的数值指标,通常用来检测水的纯度。纯净水的电导率很低,但当水中溶解有无机酸、碱、盐或有机带电胶体时,电导率会相应增加。电导率的常用单位是 $\mu S/cm$(微西门子每厘米)。

不同水体的电导率示例:

新蒸馏水的电导率通常在 $0.5 \sim 2 \mu S/cm$ 范围内;

一般天然水的电导率介于 $50 \sim 500 \mu S/cm$ 之间;

清洁河水的电导率则在 $100 \sim 300 \mu S/cm$ 之间。

3.学生活动

(1)依据教师的讲授,理解pH值的基本概念,并尝试分析指标数据变化的可能原因。

(2)通过图片和文字的描述,结合教师的讲解,理解水体透明度、电导率等概念。

三、井之源

1.设计意图

在实际情境中,培养学生对周围环境的观察力、信息捕捉能力、综合思维能力以及地理实践技能。

2.教师活动

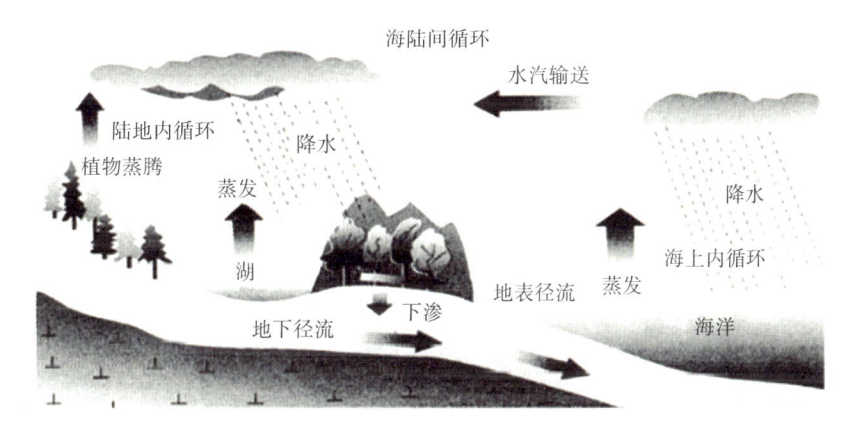

图4-27 水循环示意图

对于中学生来说,我们可以通过复习水循环的各个阶段(图4-27),并到实地进行观察与思考,来推测井水的起源及其最终归宿。

3.学生活动

根据所学知识,在实际情境中寻找线索,思考井水的补给来源及其流向。

第5节

手账记万物
——手账里的缙云山水

范林佳

一、课程背景

中共中央办公厅、国务院办公厅联合印发的《关于全面加强和改进新时代学校美育工作的意见》指出：美是纯洁道德、丰富精神的重要源泉。美育通过创造性的方式和创新形式来实现，因此，它与人的创造性思维有着密切关系。美育在展现思想、道德、行为规范的同时，鼓励艺术实践活动用全新的方式展开，成为促进人的全面发展过程中不可缺少的环节。

重庆缙云山国家级自然保护区拥有丰富的动植物资源，保存着长江中上游典型的亚热带常绿阔叶林和相对稳定的生态系统，是开展自然教育的天然"课堂"。不仅如此，缙云山人文资源也十分丰富，有缙云寺、温泉寺、白云观、绍龙观等古刹，以及晚唐石照壁、明代石牌坊、宋代石刻等名胜古迹，在此能够感受到贯穿古今的人文历史。本节课程将美育融入自然和人文的综合教育，以手账为切入点，引导学生有意识地观察并记录身边的美，在缙云山这座宝藏山林中发现美、感受美、记录美、传递美和创造美。

二、课程总体目标

通过对手账排版、主题色选择、素材使用等知识的学习，培养学生布局和设计的基本能力，理论课的学习是为实践课的动手操作奠定基础；参观场馆时，引导学生善于观察，学会收集素材，能够通过各种渠道获取信息，为进一步提升选题和定题能力打下基础；通过制作手账，将理论课所学应用于实践，培养学生的动手能力、物化能力以及创新能力，巩固和掌握手账的制作与使用技巧；在手账分享会上，培养学生的表达能力、评价能力和反思能力，为后续记录缙云山水积累丰富的理论和实践经验。

三、问题与预案

（一）可能出现的问题

1. 学生缺乏持之以恒的精神，坐不住、难静心。
2. 选题过程中犹豫不决，难以确定主题。

（二）解决预案

1. 开课之前对学生进行相关的思想教育，提前打好"预防针"。
2. 发挥优秀手账的榜样力量和引导作用。
3. 适当增加制作手账的时间，给学生多次实践的机会。

四、课程目标

（一）知识目标：了解手账的定义、作用及其基本分类，认识常见的手账工具。

（二）能力目标：掌握手账设计的基础方法，在做手账时能够运用排版、分隔和配色的技巧。

（三）态度目标：养成观察和记录生活的习惯，树立正确的审美观。

五、课程内容

（一）重难点

1. 重点：帮助学生掌握手账制作的基本方法，为后续的实践课程奠定理论基础。
2. 难点：本课程具有创新性和持续性，需要学生坚持完成。

(二)步骤与过程

1.介绍手账的定义和基本分类(如表4-2所示)

表4-2　手账的定义和基本分类

教学过程	教师活动	学生活动	教学意图
导入	播放电影《你的名字》的片段,突出展示视频中男主角的手账本		引入课程主题:手账
讨论	"手账"一词源于日本,日本辞典给出的定义为:手账是经常带在身边,记载心想、要做、怕忘的各种事情的小型记事本	学生和身边的同学讨论自己对手账的理解,总结并分享讨论结果	引导学生积极参与课堂,活跃课堂氛围,并理解手账的定义不是一成不变的
讲解	介绍常见的手账分类,并逐一举例,播放相关视频		帮助学生对手账形成系统的认知,进一步认识手账

2.讨论手账的作用(如表4-3所示)

表4-3　手账的作用

教学过程	教师活动	学生活动	教学意图
问答	如果自己制作手账,想记录什么内容,对自己有什么帮助	回答问题后,进行归纳总结	在原有的基础上,激发学生对制作手账的初步动机和兴趣
举例	以达·芬奇的《莱斯特/哈默手稿》为例,简要介绍这位科学家和画家是如何使用手账的		进一步巩固学生对制作手账的兴趣

3.讲授手账设计的基本方法(如表4-4所示)

表4-4　手账设计的基本方法

教学过程	教师活动	学生活动	教学意图
排版	讲授四分排版法、分隔法、主题色选取法等技巧		帮助学生了解手账排版的基础模板
练习	提供一些手账简笔画素材,如天气、植物、花边、文本框等	根据老师提供的图案,进行临摹或创新	在两轮讲授中增加学生动手环节,避免教学过于枯燥

续表

教学过程	教师活动	学生活动	教学意图
素材	讲授普通胶带的多种使用方法及包装袋的妙用等素材		进一步激发学生对制作手账的兴趣

六、理论课流程图（如图4-28所示）

理论知识介绍：手账的定义和分类 → 讨论和思考手账的作用 → 讲授手账设计的基本方法 → 动手尝试临摹、设计简笔画 → 手账素材的常用方法

图4-28　手账理论课教授流程图

七、作业内容

（一）完成3~5幅手账草稿，要求包含完整的排版布局，主题色要明晰，可以暂时没有文字内容。

（二）准备若干胶带（至少3个纯色系）、手账素材、一个手账本、彩笔（图4-29）。

图4-29　手账备用材料